조계종 표준 금강경 바로 읽기

조계종 표준
금강경 바로 읽기

지안 강설
(대한불교조계종 종립 승가대학원장)

조계종
출판사

서문

연전에 조계종의 소의경전인 『금강경』을 교육원에서 새로 번역한 바가 있었다(이하 『표준 금강경』이라 함). 기존의 여러 번역된 한글본이 이미 많이 나와 있지만 현대인들에게 새롭게 읽힐 수 있도록 현대적 감각에 맞는 문장으로 번역하여 한글 번역본의 표준이 될 수 있도록 하자는 취지에서였다. 아마 시대에 따라 언어의 감각도 변하기 때문에 이에 맞춰 경전을 읽도록 독자들의 새로운 구미를 맞추자는 뜻이 아니었나 생각된다.

조계종 교육원에서 여러 사람의 의견을 종합하여 범어 원본과 한역 제본을 참고하여 번역된 최신 번역판이라 할 수 있다. 그러나 구마라집의 한역본 원문만 번역하여 독송용으로 읽기에는 부족함이 없으나 좀더 경의 내용을 깊이 음미하고 이해하는 데는 원문 해설서나 강의본이 있었으면 하는 독자들의 요청이 있었다고 한다. 조계종출판사에서는 이들의 바람을 수용하여 해설서를 간행하기로 결정하고 필자에게 『표준 금강경』 번역에 맞춰 보충 해설을 해달라는 청탁을 해왔다. 그리하여 표준 번역본에 맞춰 보충 설명을 추가하고 『금강경』과 관계되고 교학의 이해에 도움이 될 수 있는 내용들을 간추려 정리해

보게 되었다.

불교의 경전은 부처님이 삼매에 들어 설한 말씀이다. 이해타산의 사량분별심에서 설해진 것이 아닌 중생들을 깨달음으로 인도하기 위해서 설해진 말씀이다. 그렇기 때문에 경전은 두고두고 음미하면서 참학參學하는 정신으로 읽어야 한다. 특히 『금강경』은 불경 가운데 가장 지니고 읽기가 쉬우면서도 뜻을 올바로 이해하기 위해서는 선학적인 이해도 뒤따라야 한다. 『금강경』에 대한 역대의 수많은 주소 註疏 가운데 선지禪旨에 입각해서 해석한 논소가 많음이 이를 증명한다고 할 수 있다.

또한 『금강경』은 불자들의 필독서일 뿐만 아니라 일반인들이 교양을 위해서도 반드시 보아야 할 책이다. 수많은 불교경전 가운데 이 경이 차지하는 비중은 매우 높다. 대승경전 중 가장 간명한 문체로 되어 있는 경이며, 반야바라밀다의 이치를 첩첩이 밝혀 놓은 경이다. 우리나라에서 가장 많이 읽히는 경이요, 세계적으로도 가장 많이 보급되어 있는 경이다.

경전을 '달을 가리키는 손가락'이라 말해 온 것처럼 손가락을 통해 달을 볼 수 있듯이 경전을 통해 부처님의 깨달음을 볼 수 있다. 다시 말해 경전을 보는 것은 깨달음의 진리를 찾기 위해서이고 나아가 부처의 정체가 곧 나의 정체임을 알기 위해서이다. 수많은 허상에 파묻혀 자기 정체를 잃고 그릇된 인생관에 빠지는 사람들을 바르게 고쳐주는 역할을 경전이 하고 있는 것이다.

 불교에서는 독경讀經을 하거나 사경寫經을 하는 것도 수행의 한 방편으로 간주한다. 따라서 경전을 읽고 이해하는 수준이 높아질수록 수행이 높아지고 동시에 지성이 높아지는 것이다. 특히 인간의 근본을 불성佛性에 두는 불교로서는 사람은 누구나 부처가 될 수 있는 존재로 본다. 자신의 불성을 계발하여 부처의 세계를 지향하는 것이 반야바라밀다의 수행이다.『금강경』은 인생의 참 가치를 반야바라밀다에 두고 이를 바로 알게 하는 법문이다. 이렇기 때문에 "교해 속에서 큰 법륜을 굴리고 지혜 위에서 큰 법의 깃대를 세운다[敎海裡轉大法輪 知解上建大法幢]" 하였다.『금강경』을 가까이하여 진리의 다이아몬드 인생을 사는 사람들이 많이 나왔으면 좋겠다.

 끝으로 이 책을 인연으로 부처님의 가르침이, 많은 사람들의 지식

공간에 들어가기를 바라며 또한 그 법의 이익을 얻는 사람이 한 사람이라도 더 나오기 바란다. 아울러 이 책의 출간을 위해 애써준 조계종출판사 관계자들의 노고에 감사를 드린다.

2010년 2월
통도사 반야암에서 지안 씀

차례

서문 4

1장 법회의 인연 … 11
2장 수보리가 법을 물음 … 25
3장 대승의 근본 뜻 … 35
4장 집착 없는 보시 … 45
5장 여래의 참모습 … 55
6장 깊은 믿음 … 65
7장 깨침과 설법이 없음 … 77
8장 부처와 깨달음의 어머니, 금강경 … 87
9장 관념과 그 관념의 부정 … 97
10장 불국토의 장엄 … 109
11장 무위법의 뛰어난 복덕 … 119
12장 올바른 가르침의 존중 … 127
13장 이 경을 수지하는 방법 … 135
14장 관념을 떠난 열반 … 145
15장 경을 수지하는 공덕 … 161
16장 업장을 맑히는 공덕 … 171
17장 궁극의 가르침, 무아 … 181
18장 분별없이 관찰함 … 197

19장 복덕 아닌 복덕 … 207
20장 모습과 특성의 초월 … 215
21장 설법 아닌 설법 … 225
22장 얻을 것이 없는 법 … 235
23장 관념을 떠난 선행 … 243
24장 경전 수지가 최고의 복덕 … 253
25장 분별없는 교화 … 261
26장 신체적 특징을 떠난 여래 … 269
27장 단절과 소멸의 초월 … 277
28장 탐착 없는 복덕 … 285
29장 오고 감이 없는 여래 … 293
30장 부분과 전체의 참모습 … 301
31장 내지 않아야 할 관념 … 309
32장 관념을 떠난 교화 … 317

해제 327
부록
  천친의 27단의 340
  무착의 18주 345
색인 351

1장

법회의 인연

一. 法會因由分
법회인유분

如是我聞 一時 佛在舍衛國祇樹給孤獨園 與大比丘
여시아문 일시 불재사위국기수급고독원 여대비구
衆 千二百五十人俱 爾時 世尊食時 著衣持鉢 入舍
중 천이백오십인구 이시 세존식시 착의지발 입사
衛大城乞食 於其城中 次第乞已 還至本處 飯食訖
위대성걸식 어기성중 차제걸이 환지본처 반사흘
收衣鉢 洗足已 敷座而坐
수의발 세족이 부좌이좌

이와 같이 나는 들었습니다. 어느 때 부처님께서 거룩한 비구 천이백오십 명과 함께 사위국 기수급고독원에 계셨습니다. 그때 세존께서는 공양 때가 되어 가사를 입고 발우를 들고 걸식하고자 사위대성에 들어가셨습니다. 성 안에서 차례로 걸식하신 후 본래의 처소로 돌아와 공양을 드신 뒤 가사와 발우를 거두고 발을 씻으신 다음 자리를 펴고 앉으셨습니다.

이와 같이 나는 들었습니다. 어느 때 부처님께서 거룩한 비구 천이백오십 명과 함께 사위국 기수급고독원에 계셨습니다.

모든 불교 경전의 첫머리는 '여시아문'으로 시작된다. '이와 같이 내가 들었다'라고 서두에 먼저 말하는 것은 부처님 말씀을 전한다는 뜻에서 하는 말로 부처님 말씀임을 믿게 하기 위해서이다. 마치 신문기사가 '누가, 언제, 어디서, 무엇을, 어떻게, 왜'의 육하원칙六何原則에 의해 작성되듯이 불교 경전도 여섯 가지가 성취되어야 경전의 체제를 갖추게 된다.

이 육성취六成就는 신信, 문聞, 시時, 주主, 처處, 중衆이다.

'이와 같이'는 신성취이고 '들었습니다'는 문성취이다. '어느 때'는 시성취, '부처님'은 주성취, '기수급고독원'은 처성취, '천이백오십 명'은 중성취이다.

❀ 여시아문에 끊어진 세 가지 의심

'이와 같이 나는 들었다'는 아난(阿難, Ānanda)이 부처님으로부터 들은 말을 대중에게 전하기 위해 먼저 밝힌 말이다. 부처님이 열반에 드신 후 여러 천왕들이 가섭존자에게 간청하기를 "법의 성城이 무너지려 하고 법의 깃대가 넘어지려 하니 마땅히 대비로 불법을 일으켜 세워야 합니다"라고 말했다. 이 청請을 받아들인 가섭이 수미산으로 가서 북을 치고 종을 치면서 부처님 제자들 가운데 신통을 얻은 자들은 빨리 모이라고 하였다.

그리하여 오백 명의 비구들이 핍팔라굴[七葉窟]에 모였고 가섭은 선정에 들어 천안으로 이들을 관찰하였다. 모인 대중 가운데 아직 번뇌가 남아 있는 사람을 가려내 굴 밖으로 내보내기 위해서였다. 그중에서 오직 아난만이 번뇌를 다하지 못하였기에 가섭이 아난을 향해 말하였다.

"청정한 대중들만 모여서 법장法藏을 결집(結集, saṃgīti)하려 한다. 그러나 너는 번뇌가 다하지 못하였으니 참석할 자격이 없다."

이때 아난이 부끄러워 슬피 울면서 가섭에게 말했다.

"저도 오래전에 도를 성취할 수 있었습니다만, 부처님을 모셔야 했기에 번뇌를 끊지 않았습니다. 번뇌를 끊어 아라한이 되면 부처님의 시중을 들 수 없었기 때문이었습니다."

이에 가섭이 다시 아난의 허물을 지적하였다.

"너는 그 밖에도 많은 허물이 있다. 너는 여섯 가지의 돌길라죄(突吉羅罪: 계율을 어긴 죄명으로 악작惡作, 악설惡說, 곧 나쁜 짓이라 번역한다)를 지었다. 부처님께선 여인의 출가를 허락하지 않으려 하셨는데, 네가 간청하여 허락하시게 해 부처님의 정법을 500세나 쇠미하게 하였다. 또한 부처님이 열반에 즈음하여 쿠시라성에 계실 때 네게 물을 구해오게 했는데 너는 즉시 물을 갖다 드리지 않았다. 부처님이 예전에 너에게 묻기를 '만약 어떤 사람이 사신족四神足을 함께 행하기를 좋아하는 사람이 있다면 나는 수명을 1겁을 더 누리겠지만 만약 그런 사람이 없다면 1겁을 더 누리지 않겠다' 하셨는데 네가 아무 대답도 드리지 않아 부처님을 빨리 열반에 드시게 했다. 너는 어느 날 울다라승(鬱多羅僧: 가사의 한 종류)으로 몸을 감싸고 누웠으니 그것도 돌길라죄이다. 너는 또 부처님의 승가리(僧伽梨: 가사의 일종)를 갤 적에 발로 밟았으니 그것도 돌길라죄이고, 부처님이 열반에 드신 후 부처님의 음장상(陰藏相: 陰莖)을 여인들에게 보여 주었으니 참으로 부끄러운 일이다. 너는 이와 같은 돌길라죄를 저질렀으니 반드시 참회를 해야 할 것이다."

아난이 이에 신발을 벗고 오른쪽 어깨를 드러내고 엉덩이를 든 채 무릎을 꿇고 합장하여 참회를 하였다. 참회가 끝난 후 가섭이 다시 아난에게 "너의 번뇌가 다하면 다시 올 수가 있다"라고 하였다.

아난은 눈물을 흘리고 슬피 울면서 굴에서 나와 번뇌를 끊기 위하여 온갖 정성을 기울였다. 칠일칠야로 합장 교족정진(발뒤꿈치를 들고 발가락 끝으로 서서 수행 정진하는 것)하더니, 한 날 밤중이 지난 심야에 피로가 겹쳐 누우려다가 머리가 베개에 닿기 전에 깨달음을 얻었다. 그리하여 아난이 다시 굴 밖에 가서 말했다.

"나도 이제 번뇌가 다했으니 넣어 주시오."

가섭이 정말 번뇌를 다했으면 신통으로 들어오라 하자 아난이 신통으로 들어갔다.

"네가 도를 얻게 하기 위해 너를 내보냈던 것이니 이해하라."
 가섭은 이렇게 말하고 아난이 자리에 올라가 법장을 결집해 주기를 청했다.
 아난이 자리에 올라가자 대중은 의심이 일어났다. 아난의 상호가 부처님과 같았으므로 열반에 드신 부처님이 다시 일어나신 것인가? 타방에서 부처님이 오신 것인가? 아난이 성불을 하였는가? 하는 세 가지 의심이었다.
 이때 아난이 "이와 같이 나는 들었습니다[如是我聞]"라고 말하자 대중의 세 가지 의심이 모두 끊어져 버렸다.

 『금강경』은 기수급고독원에서 설해진 경이다. 기수급고독원을 줄여 기원정사라 부르게 되었는데 부처님 당시 가장 큰 사원이었다. 최초의 사원인 죽림정사와 함께 2대 정사였는데 부처님이 가장 많이 머무셨던 곳으로, 이곳에서 25안거를 보내셨다.
 기원정사는 당시 강대국의 하나였던 중인도에 위치한 코살라국의 수도인 사위성 밖에 있던 절이었다. 기수급고독원의 범어인 '제따와나 아나타삔디까라마 Jetavana Anāthapiṇḍikārāma'는 두 사람의 이름이 들어가 있는 말이다. 기타 Jeta 태자가 소유했던 동산에 있던 땅을 수닷타 Sudatta 장자가 사서 절을 지어 부처님께 바쳤다. 아나타삔디까 Anāthapiṇḍika는 급고독이라 번역되는 말인데 수닷타 장자의 별명이다.
 비구는 범어 빅슈 Bhiksu를 음사한 말로 한자로 필추苾芻, 픽추煏芻라 쓰기도 하며 걸사乞士라 번역하기도 한다. 출가 독신 수행자를 가리키는 말로 남자로서 출가하여 걸식으로 생활하며 250가지의 구족계具足戒를 받아야 비구가 된다.

비구에게 다섯 가지의 덕이 있다 하여 비구오덕比丘五德이라 한다. 첫째는 포마怖魔로 비구는 수행을 완성하여 열반에 들어가게 되므로 마군魔軍을 두렵게 한다는 뜻이다. 둘째는 걸사乞士인데 위로는 부처님의 법을 빌어 지혜를 도우고 아래로는 밥을 빌어 몸을 기른다는 뜻이다. 셋째는 성계淨戒로 평생을 청정한 계를 지키며 사는 것이고, 넷째 정명淨命은 시주의 공양供養에 의지하며 욕심 없이 깨끗한 생활을 한다는 뜻이다. 다섯째 파악破惡은 계戒 · 정定 · 혜慧 삼학을 닦아 번뇌를 끊는 것을 말한다.

1,250명의 비구는 항상 부처님을 모시고 살았다 하여 상수대중常隨大衆이라 한다. 다섯 비구(교진여, 알비, 마하남, 발제, 바부)와 가섭 삼형제(우루빈나라, 가야, 나제)의 무리 1,000명, 사리불과 목건련의 무리 200명, 야사 장로 일행 50명으로 도합 1,255명이었다 한다.

❀ 기수급고독원

사위국의 바사닉 왕에게 한 신하가 있었다. 수닷타라고 하는 사람이었는데 며느리를 맞이하기 위하여 몸소 왕사성에 가 산단나사 장자의 집에 머물게 되었다. 그때 산단나사가 한밤중에 일어나 집 안을 꾸미고 청소를 하며 음식을 마련하는 등 바쁘게 움직이고 있었다. 이에 수닷타가 물었다.

"장자님, 국왕을 청하여 혼인 잔치라도 베풀려고 하시는 것입니까?"

"아닙니다. 위없는 법왕이신 부처님을 청하려고 합니다."

수닷타는 이 말을 듣고 깊은 감동을 받았다. 그러고는 부처님이 어떤 분이신가 하고 다시 물었다. 장자는 부처님의 공덕에 대하여 자세히 일러 주었다. 이를 듣고 난 수닷타가 감탄하여 말했다.

"훌륭하십니다. 장자님, 참으로 부처님은 공덕이 높은 거룩한 분이시로군요. 부처님은 지금 어디에 계십니까?"

"지금 왕사성 가란타(迦蘭陀, Kalandaka) 죽림정사에 계십니다."

그때 수닷타가 일심으로 부처님을 뵙고 싶은 생각을 했더니 갑자기 하늘이 밝아지면서 광명이 비춰오기 시작했다. 그리하여 그는 광명이 비치는 곳으로 따라 나가 성문 아래에 이르니 부처님 신력으로 문이 저절로 열리고 길이 나타나기에 다시 따라 나갔다. 그때 마침 부처님이 밖에 나와 거닐고 계셨다. 수닷타가 부처님을 뵙고 뛸 듯이 기뻐하며, 처음에는 예법을 알지 못해 바로 질문을 하려 하자 수타천須陀天이 사람으로 변해 세존의 처소에 와 예배하고 오른쪽으로 세 번 돌고는 물러가 한쪽에 서는 것이었다. 수닷타가 이를 본받아 다시 예를 드리니 부처님이 근기에 맞게 법을 설해 주셨다.

수닷타는 부처님의 설법을 듣고 수다원과를 얻었다. 그 뒤 수닷타는 부처님을 사위성으로 초청하여 공양을 올리고 싶었다. 그래서 부처님께 간청을 하였다.

"원하옵건대 저희를 위하여 사위성에 오셔서 저의 공양을 받아 주십시오."

부처님께서 물으셨다.

"경의 사위국에 내가 머무를 정사가 있겠습니까?"

"오실 수만 있다면 반드시 마련하겠습니다."

수닷타는 거듭 말하며 부처님께 청을 올렸다. 그러자 부처님은 그 청을 수락하시고 수닷타가 사위국으로 돌아갈 때 사리불을 시켜 수닷타를 따라가 정사를 짓는 의식을 가르쳐주게 하였다.

수닷타 장자가 절을 지을 터를 물색하다가 마침 기타 태자의 원림 안에 좋은 터가 있어 이를 사고자 했다. 그런데 주인인 기타 태자는 땅을 팔지 않겠다고 하였다. 만약 땅을 사려면 땅 위를 모두 깔 수 있을 만큼의 금을 주면 팔겠다고 했다. 이는 팔지 않겠다는 뜻을 강조한 것이다. 그런데 수닷타 장자가 수레에 금을 싣고 와 실제로 땅에 금을 깔기 시작하자 그 의지에 놀라고 감동한 기타 태자가 땅을 파는 것과 동시에 동산의 숲을 함께 기증하게 되어 기수급고독원이란 이름이 붙게 되었다.

정사를 다 지은 후 수닷타는 향로를 받들고 왕사성을 향하여 멀리서 이렇게 말하였다.

"정사가 이미 마련되었습니다. 원하오니 부처님께서는 이 정사를 받아주소서."

부처님은 이때 이미 수닷타의 마음을 아시고 곧 대중과 함께 왕사성을 출발하여 마치 장사가 팔을 굽히는 사이에 수닷타가 바친 정사에 도착하였다.

'기수'는 기타 태자의 숲이란 뜻이고, '급고독원'은 수닷타 장자가 외롭고 불우한 사람들에게 보시하기를 즐겨하여 붙여진 이름으로 수닷타를 번역한 뜻이다. 그 당시 코살라국의 왕인 바사닉 왕의 신하이기도 했던 그는 일찍이 남쪽에 있던 마갈타Magadha국에서 부처님께 귀의했다. 당시의 불교 교단에 가장 많은 시주를 한 우바새인 셈이다.

바사닉 왕 역시 부처님과 인연이 깊었던 왕이다.『능엄경楞嚴經』에는 부처님과 바사닉 왕이 대화를 나누는 장면도 나온다. 불생불멸하는 여래장묘진여성如來藏妙眞如性을 일깨워 주기 위해서 부처님이 왕에게 "갠지스 강물을 언제 처음 보았느냐?"고 묻자, 왕은 "세 살 때 어머니가 기파천 사당에 아들의 명을 길게 해 달라고 빌러 갔을 때에 처음 강을 보고 그 뒤 나이가 들면서 자주 강을 보았다"고 대답한다. 당시 왕의 나이가 예순 둘이었는데 일설에는 부처님과 동갑이었다고 하기도 한다. 부처님은 어려서 보던 강이나 늙어서 보는 강의 보는 것[見]은 똑같다고 하면서 이 보는 성품이 바로 불생불멸하는 여래장묘진여성이라 일러준다.

기원정사에는 본래 중앙에 부처님이 거처하는 전당이 있었고, 주위로 강당과 경행당이 있었으며, 작은 승방이 80개 · 방이 63개 · 그 외 식당 · 화장실 · 욕실 · 간병실 등 필요한 시설들이 다 갖추어진 구조로, 절 모습이 매우 웅장하고 아름다웠다고 한다. 지금도 성지순례 때에 들러 보면 광활한 터에 벽돌로 쌓여 있는 유적이 있고, 대중이 사용했던 우물도 남아 있다. 현재 인도의 우타르 프라데시Uttar Pradesh 주의 남쪽에 위치한 사헤트Sahet에 있다.

절이 원래는 7층이었다는 설도 있으며, 처음 절을 지을 때 공사 감독을 부처님의 제자 사리불이 했다는 말도 있다. 부처님 열반 후, 이 절이 쇠퇴해지기 시작하여 5세기 초와 7세기 중엽에 법현 스님과 현장 스님이 인도를 순례할 무렵에는 이미 폐허가 되었다고『법현전』과『대당서역기』에 기록되어 있다.

수닷타 장자는 자선 사업가였는데, 부처님이 그를 위해 보시하는 법을 설한 『수달경須達經』이라는 경전도 있다. 또 『옥야경玉耶經』이라는 경도 있어 이 경에는 여성의 처신과 부덕婦德에 대한 설법이 있다. '옥야'라는 여성이 바로 수닷타 장자의 며느리로 나온다. 옥야는 미모를 가진 여성이었으나 예의범절이 없는 부덕한 여성이었다. 수닷타 장자가 며느리의 이러한 점을 걱정하다 부처님께 말씀드려 며느리를 교화할 방법이 없겠습니까? 하고 묻자 어느 날 부처님이 수닷타 장자의 집을 방문하여 며느리 옥야의 방에 들어간다. 부처님이 오시는 것을 알고도 나와 인사를 하지 않고 방에 누워 있던 옥야는 부처님이 방으로 오자 벌떡 일어나 부처님 앞에 무릎을 꿇고 앉는다. 이때 부처님께서 부드러운 음성으로 옥야에게 여성의 처신법과 부덕에 대하여 여러 가지 말씀을 해준 경이 『옥야경』이다.

그때 세존께서는 공양 때가 되어 가사를 입고 발우를 들고 걸식하고자 사위대성에 들어가셨습니다.

불교의 사찰에서는 식사를 하는 것을 공양이라 한다. 원래 공양은 공물을 바치는 것을 뜻하는 말이었으나, 시주의 은혜를 상기하여 잊지 않게 한다는 뜻에서 음식을 먹는 것도 공양이라 하게 되었다. 또한 의·식·주를 초월하여 사는 두타행을 실천하는 것이 수행자의 본분이므로 밥을 빌어먹는 풍습이 생겼다. 이를 걸식 혹은 탁발托鉢이라고 말하기도 한다.

성 안에서 차례로 걸식하신 후 본래의 처소로 돌아와 공양을 드신 뒤 가사와 발우를 거두고 발을 씻으신 다음 자리를 펴고 앉으셨습니다.

부처님은 여느 때처럼 1,250여 명의 제자들과 기원정사에 계시다가 사위성 시내에 들어가 탁발을 하셨다. 밥을 얻어 다시 정사로 돌아온 부처님은 평소처럼 공양을 드시고, 발우를 거둔 후 발을 씻고 자리를 펴고 앉으셨다. 바로 이 장면이 『금강경』 무대의 서막이다. 『금강경』 법회가 이루어진 인연이 여기에서 비롯된다. 부처님의 평범한 일상생활의 한 부분이 묘사된 이 이야기에서 『금강경』 법문이 설해질 동기가 마련되고 있다. 마치 어떤 비밀이 숨어 있는 것처럼 이 평범한 일상사의 배후에 반야바라밀법이 숨어 있는 것이다. 도[道=眞理]가 있는 곳이 어디인가? 그곳은 사람 사는 일상생활 속이다. 다시 말해 진리란 보편적이고 가장 가까운 우리 일상 속에 있다는 것이다.

가상도리家常道理라는 말이 있는 것처럼 사람 사는 평범한 일상생활이 진리로 통하는 도의 세계라는 뜻이다. 사실 깨달음의 계기는 인간이 생활하는 어디에서도 발견되는 것이고 또 발견해 찾고 보면 모든 게 깨달음 자체의 모습이다.

'차례로 걸식을 했다'는 말은 칠가식七家食이라 하여 일곱 집을 돌면서 발우에 밥을 얻어 절로 돌아왔기 때문에 붙여진 표현이다.

2장
수보리가 법을 물음

二. 善現起請分
선현기청분

時 長老須菩提 在大衆中 卽從座起 偏袒右肩 右膝
시 장로수보리 재대중중 즉종좌기 편단우견 우슬
著地 合掌恭敬 而白佛言 希有世尊 如來善護念諸
착지 합장공경 이백불언 희유세존 여래선호념제
菩薩 善付囑諸菩薩 世尊 善男子善女人 發阿耨多
보살 선부촉제보살 세존 선남자선여인 발아누다
羅三藐三菩提心 應云何住 云何降伏其心 佛言 善
라삼먁삼보리심 응운하주 운하항복기심 불언 선
哉善哉 須菩提 如汝所說 如來 善護念諸菩薩 善
재선재 수보리 여여소설 여래 선호념제보살 선
付囑諸菩薩 汝今諦聽 當爲汝說 善男子善女人 發
부촉제보살 여금제청 당위여설 선남자선여인 발
阿耨多羅三藐三菩提心 應如是住 如是降伏其心
아누다라삼먁삼보리심 응여시주 여시항복기심
唯然世尊 願樂欲聞
유연세존 원요욕문

그때 대중 가운데 있던 수보리 장로가 자리에서 일어나 오른쪽 어깨를 드러내고 오른 무릎을 땅에 대며 합장하고 공손히 부처님께 여쭈었습니다.
"경이롭습니다, 세존이시여! 여래께서는 보살들을 잘 보호해 주시며 보살들을 잘 격려해 주십니다. 세존이시여! 가장 높고 바른 깨달음을 얻고자 하는 선남자 선여인이 어떻게 살아야 하며 어떻게 그 마음을 다스려야 합니까?"
부처님께서 말씀하셨습니다.
"훌륭하고 훌륭하다. 수보리여! 그대의 말과 같이 여래는 보살들을 잘 보호해 주며 보살들을 잘 격려해 준다. 그대는 자세히 들어라. 그대에게 설하리라. 가장 높고 바른 깨달음을 얻고자 하는 선남자 선여인은 이와 같이 살아야 하며 이와 같이 그 마음을 다스려야 한다."
"예, 세존이시여!"라고 하며 수보리는 즐거이 듣고자 하였습니다.

그때 대중 가운데 있던 수보리 장로가 자리에서 일어나 오른쪽 어깨를 드러내고 오른 무릎을 땅에 대며 합장하고 공손히 부처님께 여쭈었습니다.

수보리는 『금강경』에서 대화를 전개하는 주인공이 되어 부처님께 설법을 청하는 역할을 한다.

『금강경』에 등장하는 수보리는 해공제일解空第一의 제자라 불렸다. 해공이란 공空의 이치를 잘 안다는 말이다. 수보리가 『금강경』에 나오는 것은 바로 『금강경』이 공의 이치를 설한 경이라는 것을 상징한다. 수보리는 범어 수부티Subhūti를 음사한 말인데 의역할 때는 선길善吉, 선현善現, 선업善業, 선실善實 등으로 번역하고 때로는 공생空生이라 번역하기도 한다.

수보리는 원래 사위국 바라문의 아들이었다. 어려서부터 총명이 뛰어나 보통 사람을 능가했으나, 성격이 못되어 화를 잘 내었다고 한다. 걸핏하면 화를 내므로 친구들이 모두 그를 싫어했다. 그래서 집을 버리고 산림에 들어갔는데 산신이 인도하여 부처님께 가게 되었다. 부처님으로부터 화의 허물에 관한 법문을 듣고 참회하여 아라한과를 얻고 나중에는 해공제일의 제자가 되었다는 것이다.

이 수보리가 부처님이 걸식을 하고 돌아와 공양을 드시고 가사와 발우를 정리하고 발을 씻고 자리를 펴 앉으신 평소와 다름없는 위의 거동威儀擧動을 보고, 자리에서 일어나 찬탄의 말을 한다.

"경이롭습니다, 세존이시여!"

한역 본문의 '희유稀有'라는 말은 누구에게나 있는 예사로운 일이 아닌 놀라운 일이라는 말인데 '경이롭다' 혹은 '위대하고 거룩하다'는 뜻이 포함되어 있다.

여래께서는 보살들을 잘 보호해 주시며 보살들을 잘 격려해 주십니다. 세존이시여! 가장 높고 바른 깨달음을 얻고자 하는 선남자 선여인이 어떻게 살아야 하며 어떻게 그 마음을 다스려야 합니까?"

수보리가 부처님께 물은 질문은 바로 '세존이시여, 가장 높고 바른 깨달음을 얻고자 하는 훌륭한 남자나 훌륭한 여인이 아누다라삼먁삼보리의 마음을 내어서는 어떻게 살아야 하며, 어떻게 그 마음을 다스려야 합니까?'이다. 다시 말하면 인생에 있어서 삶의 본질적인 의미를 추구하여 완전한 삶을 누리고자 원대한 마음을 가진 사람은 어떻게 살아야 하며 동시에 마음에서 일어나는 스스로의 장애를 어떻게 극복하여 다스려 나가야 하느냐는 것이다. 곧 수행이란 어떻게 하는 것이며, 또 수행의 근본이 마음을 다스리는 것이라면 어떤 상태의 마음이 되어 있어야 하느냐는 물음이다. 이는 수행의 근본과 마음의 관계가 어떻게 되는지 구체적인 실제 상태의 활동과 수행심 자체의 마음 상태에 대해 물은 것이다. 이 물음으로부터 경의 전문에 걸쳐 부처님과 수보리의 문답이 이어져 전개된다.

앞의 '경이롭다'고 찬탄한 말과 여기 '여래께서 보살들을 잘 보호해 주시며 격려해 주신다'는 말을 두고 화두를 잡게 하는 경우도 있었다. 즉, 부처님이 평소와 같이 밥을 빌고 정사로 돌아와 밥을 먹고 발우를 거둔 후 자리를 펴고 앉았을 뿐 특별한 언행이 없었는데, 왜 수보리가 지극히 찬탄하는 말을 하면서 여래께서 보살들을 보호해 주고 격려해 준다고 말했는가? 하는 점에 대해 의문을 일으켜 하나의 화두를 만들어 참구케 하는 공부법이다.

부처님께서 말씀하셨습니다.
"훌륭하고 훌륭하다. 수보리여! 그대의 말과 같이 여래는 보살들을 잘 보호해 주며 보살들을 잘 격려해 준다.

부처님의 속뜻을 누구보다 잘 헤아리고 있는 수보리가 부처님께서 모든 보살들을 잘 보호해 주시고 격려해 주신다고 찬탄하자 부처님은 수보리를 칭찬하며 그렇다고 한다. 이심전심으로 서로 뜻이 통하고 있는 것 같다. 보리심을 발한 선남자 선여인들을 보호하고 격려해 준다는 말은 위로 위없는 깨달음을 구하고 아래로 중생을 교화제도하는 자리이타의 수행과 원력에 대해 부처님이 항상 보살피는 마음으로 지켜보고 있다는 것을 뜻한다.

그대는 자세히 들어라. 그대에게 설하리라. 가장 높고 바른 깨달음을 얻고자 하는 선남자 선여인은 이와 같이 살아야 하며 이와 같이 그 마음을 다스려야 한다."

수보리의 질문에 부처님이 잘 들으라고 말하면서 말씀을 시작하는 장면이다.

아누다라삼먁삼보리의 마음이란 위없는 바른 깨달음을 얻고자 하는 마음으로 보통 줄여서 '보리심菩提心' 또는 '구도심求道心'이라 한다. 이 보리심을 내었다는 것은 가장 깊고 큰 마음을 내어 진리를 알고자 하는 최고의 의지를 가졌다는 말이다. 사실 불교의 수행은 보리심이 일어나야 가능해지는 것이다. '보리심을 낸 사람은 어떻게 사는가?' 하는 질문은 삶의 최고 가치를 묻는 질문이라 할 수 있는데, '이 세상을 살아가는 존재의 상태를 어떻게 하면 가장 이상적인 상태가 되도록 하느냐'는 뜻으로 물은 말이다. '마음이 어떻게 되어 있어야 하느냐?' 다시 말해 '마음을 어떻게 하고 있어야 하느냐'는 것이다.

인간은 누구나 똑같은 마음을 가지고 있으면서도 각각 다르다. 마음이 어떻게 되어 있느냐에 따라서 물론 인격의 차이가 나타나는 것이다. '어떻게 살아야 하느냐?' 이 질문은 『금강경』 법문의 실마리를 푸는 말로 '어떤 자세로 수행에 임하느냐?' 하는 물음과 '어떻게 그 마음을 다스리느냐?'는 물음으로 이어진다. 이 두 가지 질문에 대한 답을 바로 알아 바르게 실천하면 부처의 경지에 이르게 되며 대승의 완성자가 된다는 것이 『금강경』의 주 내용이다.

아누다라삼먁삼보리는 범어 Anuttarāsamyaksaṃbodhi를 음사한 말로 무상정각無上正覺이라 번역한다. 위없는 최상의 깨달음 곧 부처님을 부처님이 되게 한 깨달음 자체이다. 이것이 불교의 생명이며 중심이다. 이것은 지혜의 생명으로 영원무궁한 실상의 세계를 상징한다. 불교는 궁극적으로 이것을 파악하도록 가르치는 교법으로, 석가모니 부처님에 의하여 이 법이 설해졌다.

"예, 세존이시여!"라고 하며 수보리는 즐거이 듣고자 하였습니다.

부처님의 십대제자는 부처님을 항상 모시고 다니던 1,255명 가운데 가장 뛰어난 열 명을 말하는데 지혜제일인 사리불, 신통제일인 목건련, 두타제일인 가섭, 해공제일인 수보리, 지계제일인 우바리, 설법제일인 부루나, 천안제일인 아나율, 다문제일인 아난, 논의제일인 가전연, 밀행제일인 라훌라이다. 이 중 사리불과 목건련은 부처님보다 먼저 열반에 들었다. 밀행제일이었던 라훌라는 부처님의 아들이었다.

3장

대승의 근본 뜻

三. 大乘正宗分
대승정종분

佛告須菩提 諸菩薩摩訶薩 應如是降伏其心 所有
불고수보리 제보살마하살 응여시항복기심 소유
一切衆生之類 若卵生 若胎生 若濕生 若化生 若有
일체중생지류 약난생 약태생 약습생 약화생 약유
色 若無色 若有想 若無想 若非有想非無想 我皆令
색 약무색 약유상 약무상 약비유상비무상 아개영
入無餘涅槃 而滅度之 如是滅度無量無數無邊衆生
입무여열반 이멸도지 여시멸도무량무수무변중생
實無衆生得滅度者 何以故 須菩提 若菩薩 有我相
실무중생득멸도자 하이고 수보리 약보살 유아상
人相 衆生相 壽者相 卽非菩薩
인상 중생상 수자상 즉비보살

부처님께서 수보리에게 말씀하셨습니다.
"모든 보살마하살은 다음과 같이 그 마음을 다스려야 한다. '알에서 태어난 것이나, 태에서 태어난 것이나, 습기에서 태어난 것이나, 변화하여 태어난 것이나, 형상이 있는 것이나, 형상이 없는 것이나, 생각이 있는 것이나, 생각이 없는 것이나, 생각이 있는 것도 아니고 없는 것도 아닌 온갖 중생들을 내가 모두 완전한 열반에 들게 하리라. 이와 같이 헤아릴 수 없이 많은 중생을 열반에 들게 하였으나, 실제로는 완전한 열반을 얻은 중생이 아무도 없다.'
왜냐하면 수보리여! 보살에게 자아가 있다는 관념, 개아가 있다는 관념, 중생이 있다는 관념, 영혼이 있다는 관념이 있다면 보살이 아니기 때문이다."

부처님께서 수보리에게 말씀하셨습니다.
"모든 보살마하살은 다음과 같이 그 마음을 다스려야 한다.

대승의 근본 뜻 곧 올바른 종지를 밝혀 놓은 대목이다. 대승大乘 즉 마하야나Mahāyāna의 근본정신이 무엇인가? 그것은 중생들을 송두리째 완전한 열반에 들어가도록 해 주겠다는 원력이다. 이타행의 극치를 나타내는 말로 이 원력이 다스려진 마음 곧 망념을 항복시킨 마음에서 일어나게 되며, 이것이 바로 대승의 본질이다.

'알에서 태어난 것이나, 태에서 태어난 것이나, 습기에서 태어난 것이나, 변화하여 태어난 것이나, 형상이 있는 것이나, 형상이 없는 것이나, 생각이 있는 것이나, 생각이 없는 것이나, 생각이 있는 것도 아니고 없는 것도 아닌 온갖 중생들을 내가 모두 완전한 열반에 들게 하리라.

이 장에서 부처님은 수보리의 물음에 '우선 마음을 이렇게 하면 다 스려진다' 하시면서 일체중생의 종류를 아홉 가지로 나누어 알에서 태어나는 종류[卵生], 태에서 태어나는 종류[胎生], 습한 데서 태어나는 종류[濕生], 변화해서 태어나는 종류[化生], 색깔이 있는 종류[有色], 색이 없는 종류[無色], 생각이 있는 종류[有想], 생각이 없는 종류[無想], 생각이 있는 것도 아니고 없는 것도 아닌 종류[非有想非無想]의 구류 중생 모두를 완전한 열반[無餘涅般]에 들게 해서 괴로움을 없애주고 제도하려는 마음을 가지라고 한다. 열반이란 일체 괴로움의 원인이 완전하게 없어진 상태를 가리키는 말이다.

불교에서는 중생의 종류를 여러 가지로 분류하여 설명한다. 『금강경』에서는 9종류로 설명하고 『능엄경』에서는 12종류로 설명한다. 이렇게 여러 부류로 나누어 분류할 때, 그 범주는 생물학적 범위를 넘어 정령의 세계에까지 미친다. 예를 들면, 죽은 사람의 영혼도 중생의 범주에 속한다. 원래 중생이란 범어 사뜨바Sattva를 번역한 말이다. 구역의 대표자 구마라집은 중생衆生이라 번역했고, 신역의 대표자 현장玄奘은 유정有情이라 번역했다. 하지만 아직도 중생이라는 말이 널리 쓰인다. 『지도론智度論』에는 '오온이 화합하여 태어나므로 중생이라 한다'는 말이 있다.

중생이라는 말에는 세 가지 뜻이 있다. 많은 인연에 의해서 태어난다는 뜻과 윤회설에서 말하는 대로 많은 생을 가진다는 뜻, 그리고 여럿이 모여 공동으로 살아가는 공생共生의 뜻이 있다.

중국 당나라 때 규봉 스님은 『금강경』의 이 대목을 해석하면서 9류 중생 모두를 제도하겠다는 마음을 광대심廣大心이라 하였고, 완전한 열반에 들게 하겠다는 마음을 제일심第一心, 일체중생을 제도하여 열반에 들게 하되 실제로 한 중생도 제도되어 열반에 든 바가 없는 마음을 상심常心, 네 가지 관념의 생각이 없는 마음을 부전도심不顚倒心이라 하였다. 이 네 가지 마음을 가지면 우리의 존재가 가장 바르게 사는 이상적인 상태가 되므로 어떻게 사느냐는 물음에 대한 답이 바로 이 네 가지 마음으로 살라는 것이다.

 이 중생의 종류를 태어나는 형태에 따라 분류할 때는 사생四生이라 하여 네 가지 구분을 지어 말한다. 이는 태생胎生, 난생卵生, 습생濕生, 화생化生이다. 태생은 태에서 태어나는 것으로 사람이나 축생 등 포유동물이 이에 해당한다. 난생은 알에서 태어나는 새 종류의 날짐승과 알을 낳아 새끼를 치는 것들이다. 습생은 습기에서 태어나는 생명체를 말하고, 화생은 갑자기 변화하여 새로운 것으로 태어나는 것들이다.

 이 사생을 육도와 관련지어 말할 때 천상과 지옥은 화생뿐이라 한다. 『금강경간정기金剛經刊定記』에는 여러 경론을 인용하여 사생에 대한 특별한 예를 설해 놓았다. 인도人道의 사람은 일반적으로 볼 때는 태생인데도, 개중에 난생도 있고 습생도 있고 화생도 있다고 한다. 예를 들면 비사귀모(毘舍鬼母: 일명 鹿子母)는 알로 32명의 자식을 낳은 적이 있고, 석가모니부처님을 치료했던 명의名醫 기바(耆婆, Jīvaka)의 어머니 나녀奈女는 암라수菴羅樹의 습기에서 태어났다고 한다. 또 겁초의 인간은 화생이었다고 설명한다. 그래서 색계 이선천二禪天에 태어난 인간이 복이 다하면 남섬부주에 다시 환생한다는 『구사론』의 말을 인용한다.

또 용을 잡아먹는다는 금시조金翅鳥가 있는데 이 금시조도 화생이 있는가 하면 난생도 있다 한다. 용도 마찬가지로, 난생이 있는가 하면 태·습·화생도 있다는 것이다. 그래서 난생의 금시조는 난생의 용을 잡아먹고, 화생의 금시조는 화생의 용을 잡아먹는다고 『정법염경』에서 인용 소개하였다.

그런가 하면 귀신류도 태생이 있다 한다. 주로 귀신류들은 화생으로 보나 귀모가 목련존자에게 "나는 밤낮으로 오백 명의 자식을 낳아, 낳자마자 다 잡아먹지만 배가 부르지 않다"는 말을 했다는 것이다.

이 사생 가운데 『금강경』이나 『능엄경』에는 난생을 먼저 들어 놓았다. 태, 난, 습, 화라는 일반적 차례가 난, 태, 습, 화로 되어 있는 까닭을 『금강경간정기』에는 다음과 같이 설명되어 있다.

"난생이 가장 하열하고 화생이 가장 수승한데, 어째서 난생을 머리에 두고 화생을 마지막에 두는가?"

이에 대해 난생은 태, 난, 습, 화를 모두 갖추었기 때문에 먼저 둔다 하였다. 난생은 태어나기 전에 태 속에 있었으며, 태 속은 반드시 습기가 있고, 없다가 갑자기 있는 것이 화생과 같기 때문이라 하였다. 그리고 태생은 습, 화를 겸하고 화생은 다른 것을 겸하지 않았다고 한다.

또 중생의 업식業識이 근본 무명과 화합하여 능소(能所: 능동과 수동의 행위 주체와 객체)가 나뉘지 않고 혼돈한 것이 알과 같다고 하였다. 다시 말해 무명의 껍질이 알의 껍질과 같다는 뜻이다.

이와 같이 헤아릴 수 없이 많은 중생을 열반에 들게 하였으나, 실제로는 완전한 열반을 얻은 중생이 아무도 없다.'

이렇게 해서 무수한 중생들을 모두 제도하여 열반에 들게 하되 실제로 한 중생도 제도되어 열반에 든 자가 없어야 한다고 하였다. 왜냐하면, 아누다라삼먁삼보리심을 낸 보살에게 있어서는 자아가 있다는 관념 곧 자아에 대한 고집, 개아가 있다는 관념 곧 인간에 대한 고집, 중생이 있다는 관념 곧 중생에 대한 고집, 영혼이 있다는 관념 곧 수명에 대한 고집이 있어서는 안 되기 때문이라 하였다. 이러한 관념과 고집을 극복해야 대승의 완성자가 된다. 이 네 가지 관념과 고집은 중생의 잘못된 집착으로 『금강경』의 핵심 사상인 공의 이치를 모르는 데 기인하고 있다. 모두 존재의 실상이 공한 것임을 모르는 소견에서 나온 집착의 모습이다. 이것을 부수기 위하여 반야의 법문이 설해진 것이다.

왜냐하면 수보리여! 보살에게 자아가 있다는 관념, 개아가 있다는 관념, 중생이 있다는 관념, 영혼이 있다는 관념이 있다면 보살이 아니기 때문이다."

경전의 한문 원문에 나오는 아상我相, 인상人相, 중생상衆生相, 수자상壽者相의 네 가지 상 가운데 아상이란 나를 구성하는 다섯 가지 요소인 오온, 곧 색(물질적인 것)·수(외계의 사물을 대할 때의 감각)·상(감각에 따라 일어나는 각)·행(생각이 의지가 되어 움직이는 것)·식(최종적인 인식과 판단)이 실체가 없는 공한 것임에도 그것을 모르고 자아에 집착하여 이기적인 고집이 일어나는 것이다. 그리하여 모든 것은 자기가 중심이 되어야 하며, 자기 소유가 있다고 집착한다.

인상이란 인간 본위의 관념에서 생기는 고집이다. 생명의 실상에 미혹하여 사람의 생명만이 소중한 것이며, 반대로 축생 따위의 다른 생명체는 존재 가치를 무시하고, 오직 인간에게 유용하도록 일방적으로 이용하는 것이다. 인간 위주의 집착에서 모든 것을 대립적으로 생각하는 상대주의적, 인간 우월에서 오는 반생명적인 행위 등이 인상에 속한다.

중생상이란 정식情識이 있는 중생들과 오온의 조직 작용이 없는 것들, 다시 말해 동물계와 식물계를 대립시켜 생명의 의미를 동물의 범주 안에서만 부여하는 것이다.

수자상이란 육체적 생존만이 생명이라고 고집하는 그릇된 생명관으로, 생사가 없는 열반의 경지를 모르고 몸이 살아 있을 때만 생명이고 삶이라고 고집하는 소견이다.

자아에 대한 고집, 인간에 대한 고집, 중생에 대한 고집, 수명에 대한 고집, 이른바 사상四相이라는 네 가지 고집이 없다면 그가 하는 모든 행위는 어디에도 붙들림이 없는 무애자재한 대행이 될 것이다. 이것이 바로 깨달음으로 통하는 묘행이다.

4장
집착 없는 보시

四. 妙行無住分
묘 행 무 주 분

復次須菩提 菩薩於法 應無所住 行於布施 所謂不
住色布施 不住聲香味觸法布施 須菩提 菩薩應如
是布施 不住於相 何以故 若菩薩不住相布施 其福
德不可思量 須菩提 於意云何 東方虛空 可思量不
不也世尊 須菩提 南西北方 四維上下虛空 可思量
不 不也世尊 須菩提 菩薩無住相布施福德 亦復如
是 不可思量 須菩提 菩薩但應如所教住

"또한 수보리여! 보살은 어떤 대상에도 집착 없이 보시해야 한다. 말하자면 형색에 집착 없이 보시해야 하며 소리, 냄새, 맛, 감촉, 마음의 대상에도 집착 없이 보시해야 한다.
수보리여! 보살은 이와 같이 보시하되 어떤 대상에 대한 관념에도 집착하지 않아야 한다. 왜냐하면 보살이 대상에 대한 관념에 집착 없이 보시한다면 그 복덕은 헤아릴 수 없기 때문이다.
수보리여! 그대 생각은 어떠한가? 동쪽 허공을 헤아릴 수 있겠는가?"
"없습니다, 세존이시여!"
"수보리여! 남서북방, 사이사이, 아래 위 허공을 헤아릴 수 있겠는가?"
"없습니다, 세존이시여!"
"수보리여! 보살이 대상에 대한 관념에 집착하지 않고 보시하는 복덕도 이와 같이 헤아릴 수 없다. 수보리여! 보살은 반드시 가르친 대로 살아야 한다."

"또한 수보리여! 보살은 어떤 대상에도 집착 없이 보시해야 한다. 말하자면 형색에 집착 없이 보시해야 하며 소리, 냄새, 맛, 감촉, 마음의 대상에도 집착 없이 보시해야 한다.

관념을 앞세우는 생각을 두지 않는 마음으로 베푸는 행위를 할 것을 권장한다. 이른바 무주상보시의 복덕을 설하면서 시방의 허공을 그 거리와 부피를 헤아려 잴 수 없는 것처럼 이유 없고 조건 없는 마음이 되고, 어떤 관념에도 지배당하지 않는 마음으로 보시를 하면 헤아릴 수 없는 복덕을 성취한다는 것이다. 여기서 보시를 든 것은 보살 수행의 실천 덕목인 육바라밀을 대표하여 말한 의도이다. 범어 '다나 Dāna'를 번역하여 보시布施라 하는데, 이는 내가 가진 것을 남에게 베푸는 것을 말한다. 이 보시도 재보시, 법보시, 무외시 등으로 나누어진다.

수보리여! 보살은 이와 같이 보시하되 어떤 대상에 대한 관념에도 집착하지 않아야 한다. 왜냐하면 보살이 대상에 대한 관념에 집착 없이 보시한다면 그 복덕은 헤아릴 수 없기 때문이다.

 보시를 행하는 데 생색을 내거나 보시 행위 자체로 자만을 가지지 말라는 것이다.
 내가 남에게 무엇을 줄 때 준다는 생각을 내세우지 말고, 주는 나와 받는 상대 그리고 준 물건에 대한 관념적인 생각을 하지 말라는 것이다. 일반적으로 이를 삼륜공적三輪空寂이라 말하기도 하고 또는 삼륜청정三輪淸淨이라고도 한다. 여기서 삼륜이란 주는 자와 받는 자 그리고 주고받는 물건을 말한다.

 수보리여! 그대 생각은 어떠한가? 동쪽 허공을 헤아릴 수 있겠는가?"
 "없습니다, 세존이시여!"
 "수보리여! 남서북방, 사이사이, 아래 위 허공을 헤아릴 수 있겠는가?"
 "없습니다, 세존이시여!"
 "수보리여! 보살이 대상에 대한 관념에 집착하지 않고 보시하는 복덕도 이와 같이 헤아릴 수 없다. 수보리여! 보살은 반드시 가르친 대로 살아야 한다."

무주상보시를 할 때 그 복덕이 시방의 허공을 헤아릴 수 없는 것처럼 많다고 한 것은 관념적인 고정된 생각을 가질 때는 곧 한정된 범위를 이루지만, 관념적인 고정된 생각이 없을 때는 무한한 절대의 경계를 얻어 무애자재한 대행이 나올 수 있다는 것이다. 아무런 조건 없고 타산적인 생각 없이 보시를 할 때 비로소 진정한 은혜가 되며 참된 의미로 남을 위하는 것이 되는 것이다. 사람이 순수한 마음을 일으키는 데 있어서는 감각적인 기준이 있을 수 없다. 육진에 머물지 말고 보시하는 것은 육진에 의한 감각적인 느낌이 사람의 의식을 조건 속으로 끌고 가기 때문이다.

『금강경』에서는 모두가 모양내기나 생색내기를 거부한다. 곧 고정관념에 갇히는 것을 부정하는 무상無相법문과 생각의 응고를 막는 무주無住법문이다. 다시 말하면 일체의 고집을 끊어 비워진 마음에서 함이 없는 무위행을 펼쳐야 한다는 것이다. 모양내기에 걸려 버리면 고집을 하게 되고, 고집을 하면 자아의식에 갇히게 되어 깨달음에 이르지 못할 뿐만 아니라 진정한 이타행을 실천하지 못한다.

고집이란 자아의식이 응고된 이기적인 에고이즘이다. '나'라는 고집과 '내 것'이라는 고집이 자기의 업보를 만들어 그 속에 갇혀 버리는 것이 중생이다. 자아에 대한 고집을 아집이라 하고 객관 대상에 대한 고집을 법집法執이라 하는데, 고집은 주관적 측면과 객관적 측면으로 나누어진다. 고집이란 막힘이라 할 수 있다. 지혜의 통로가 막혀 버린 갇힌 상태다. 고집불통이라 하듯이 통하지 아니하면 결국 속박된 한계를 벗어날 수 없다. 스스로의 마음이 조이고 억압된 상태에서는 고통의 무게만 더할 뿐 삶의 진정한 즐거움을 누릴 수는 없는 것이다.

그런데 우리들의 의식 속에는 항상 집착의 무게가 있다. 이미 관념에 걸려 있는 생각들이 고착되어 스스로의 괴로움을 유발시키는 것이다. 가령 어떤 사람이 돈을 잃어 버렸을 때 그 액수가 많고 적음에 따라 불편한 심기 곧 괴로운 심정은 다를 것이다. 10원짜리 동전을 하나 잃어 버렸을 때는 아무렇지도 않겠지만, 100만 원을 잃어 버렸을 땐 그 심정이 다를 것이다. 이러한 것이 관념에 걸린 고집이다. 100만 원을 잃고도 10원을 잃었을 때와 같이 편안한 기분이라면 100만 원에 대한 집착은 떠나간 것이라 할 수 있다. 집착과 고집이 없는 행이라야 순수한 인간성이 발현되는 것이다.

감각에 의존해 생활하는 중생들은 모양에 끌려가며 또 모양에 현혹된다. 하지만 이것이 바로 실상의 진리에 미혹되는 원인이 되는 것이다. 모양 속에서 일어나는 감각적 인식이란 끊임없는 분별과 대립을 야기하기 때문에 이것을 불식하기 위해서 일체의 모양에서 벗어나야 한다는 것이다. 또 이 모양[相]이라는 것은 객관적인 현상으로 나타나는 사물의 형체를 말하는 것만이 아니라, 우리들 의식 속에 관념적인 생각이 굳어진 것, 이것을 달리 말하면 생각이 응고된 고집, 이렇다 저렇다 주장하는 개개인의 소견 따위가 모두 '상相'이라는 개념에 포함된다.

❀ 일본의 백은 선사

일본의 하쿠인[白隱, 1685~1768] 선사에 관한 일화가 있다. 어느 해 추운 겨울날 스님이 출타를 했다가 절로 돌아오는데 절 앞에 거지가 쭈그리고 앉아 추위에 오들오들 떨고 있었다. 자비심이 우러난 스님이 외투를 벗어 그 거지의 몸에 걸쳐 주었다. 그러자 거지가 눈만 멀뚱거리며 물끄러미 스님을 쳐다보고 있었다. 이에 스님이 편안한 말로 "왜 멀뚱멀뚱 쳐다만 봐? 고맙다는 말이라도 한 마디 하면 좋잖아" 이렇게 말했더니 그 거지가 "스님이 내게 고맙다 해야지요" 하는 것이었다. 스님이 다시 "받은 사람이 준 사람에게 고맙다고 인사하는 거잖아" 하였더니 "스님이 저 때문에 선행을 하였으니 선행을 하게 해 준 것에 스님이 내게 고맙다 해야 합니다" 하는 것이었다. 이 말을 듣고 하쿠인 선사가 "그래, 그렇구나. 고맙다" 하고 절로 들어갔다고 한다.

또 한번은 절 앞에 어떤 여인이 자기가 낳은 갓난아기를 버리고 갔다. 이를 발견한 스님이 절에서 아기를 키웠는데 신도들로부터 오해를 받게 되었다. 스님이 파계를 하여 여자관계를 맺어 낳은 아이라고 수군거리는 것이었다. 이런 이야기가 스님의 귀에까지 들어갔는데도 스님은 가타부타 말없이 태연히 아이만 돌보는 것이었다. 10여 년의 세월이 지난 뒤 아기를 버리고 간 여자가 나타났다. 기구한 사연이 있어 아기를 버리고 간 자초지종을 말하고 스님의 아이가 아니라는 사실을 밝혀 주위의 오해가 풀어져도 하쿠인 선사는 아무런 말이 없었다. 온갖 억측으로 숙덕거리던 주위 사람들은 나중에 아무 말 없이 아이만 돌보아온 스님을 더욱 존경하게 되었다고 한다.

5장 여래의 참모습

五. 如理實見分
여리실견분

須菩提 於意云何 可以身相 見如來不 不也世尊 不
可以身相 得見如來 何以故 如來所說身相 卽非身
相 佛告須菩提 凡所有相 皆是虛妄 若見諸相非相
則見如來

"수보리여! 그대 생각은 어떠한가? 신체적 특징을 가지고 여래라고 볼 수 있는가?"
"없습니다, 세존이시여! 신체적 특징을 가지고 여래라고 볼 수는 없습니다. 왜냐하면 여래께서 말씀하신 신체적 특징은 바로 신체적 특징이 아니기 때문입니다."
부처님께서 수보리에게 말씀하셨습니다.
"신체적 특징들은 모두 헛된 것이니 신체적 특징이 신체적 특징 아님을 본다면 바로 여래를 보리라."

"수보리여! 그대 생각은 어떠한가? 신체적 특징을 가지고 여래라고 볼 수 있는가?"

'여래를 무엇으로 보느냐? 몸매가 갖춰진 육체의 모습 곧 신체적 특징을 가지고 여래라고 하겠느냐?' 하고 물은 이 말은 눈이 보는 시각에서 여래를 찾지 말라는 뜻이다.

"없습니다, 세존이시여! 신체적 특징을 가지고 여래라고 볼 수는 없습니다. 왜냐하면 여래께서 말씀하신 신체적 특징은 바로 신체적 특징이 아니기 때문입니다."

다시 말해, 가시감각적인 객관 경계의 겉모양을 분별하는 인식으로는 여래를 찾을 수 없다는 것이다. 모양을 인식하는 것은 실상을 미

5장 여래의 참모습 59

혹한 경계인데도 이를 모르고 감각에만 의존하여 사물의 진상眞相을 모르는 게 중생이기 때문에, 일단은 외형의 가상을 떠나야 여래를 볼 수 있다는 뜻이다. 그리고 우리가 보는 사물의 외형적 모습은 임시적으로 나타나 있는 거짓 모습에 불과하다. 모두가 무상無常에 속해 있다. 변하여 없어지는 것이므로 실제의 참모습이 될 수 없다는 말이다. 시간에 따라 변천하는 임시적인 가상을 실체가 있는 것인 양 착각하는 건 전도된 소견이다. 그런데도 중생들의 집착 속에는 이 전도된 소견이 꽉 차서 실상의 진리에는 눈이 멀게 되고, 따라서 실견이 아닌 망견으로 사물을 분별하여 거기에 고정관념을 만들어놔 자기 고집에 빠지게 된다.

그러므로 실유가 아닌 가유의 상태는 그 실체가 없는 공한 것임을 알아야 집착을 벗어나 진실한 지견을 가질 수 있으며, 여기서 바로 부처님을 볼 수 있다는 것이다.

부처님께서 수보리에게 말씀하셨습니다.
"신체적 특징들은 모두 헛된 것이니 신체적 특징이 신체적 특징 아님을 본다면 바로 여래를 보리라."

'신체적 특징은 헛된 것이다'라고 한 것은 상을 부정하고 공을 드러내는 말이다. '신체적 특징이 신체적 특징이 아님을 본다면 바로 여래를 보리라'한 것은 공한 속에 실상의 참모습이 있다는 말이다. 이것을 '진공묘유의 도리'라 한다. 반야경 계통의 경전에서 공의 이치를 설파해낸 것은 공을 통해서 묘유妙有를 찾아내는 도리이다.

중생의 집착이 생기는 원인이 무엇인가 생각해보면, 가히 감각적인 객관 대상에 대하여 실체를 모르고 겉모양을 인식하는 분별심 때문이라고 할 수 있다. '이것은 이렇고 저것은 저렇다' 하는 분별에서 생각의 고집이 일어나는 것이 '집착'이다. 이것이 미혹되어 실상의 진리에 어긋난 업행이 야기된다.

『금강경』의 대의를 '집착을 부수고 공을 나타내는 것'이라 하여 '파이집 현삼공破二執 現三空'이라 한다. 아집과 법집의 두 집착을 부수어 아공我空과 법공法空 그리고 공한 것마저 공한 구공俱空의 이치를 나타내는 법문이라는 것이다.

또 『금강경』의 사구게四句偈를 '범소유상 개시허망 약견제상비상 즉견여래凡所有相 皆是虛妄 若見諸相非相 卽見如來'라 하여 중요시 여겨왔는데, 이 경문이 바로 모양 없는 모양인 여래를 보는 도리를 밝혀 놓은 것이다. 『반야심경般若心經』에서 '색불이공 공불이색 색즉시공 공즉시색色不異空 空不異色 色卽是空 空卽是色'이라 하여 색과 공을 등치시킨 이야기는 색을 공으로 보고 공에서 색을 보아 색과 공이 둘이 아닌 하나로 보는 중도의 이치를 천명한 것인데, 이 중도 역시 진공묘유의 도리를 달리 말한 것이다.

공이 내재되지 않은 색이 없으며 색을 떠나 공만 존재할 수도 없는 것이다. 마치 병 속에 아무것도 들어 있지 않은 상태를 빈 병이라 하는 것처럼 공의 개념을 빈 것이라 한다면, 병이 전제되고서 비었다 하는 것이므로 공과 색은 떨어지지 않고 붙어 있는 결과가 된다. 또 비어 있는 병이기에 그 병 속에 다른 내용물을 담을 수 있는 성능이 있다. 그리하여 빈 것이 비지 않게 될 인연을 잠재적으로 갖고 있는 것이다. 그래서 공은 공이면서 동시에 공이 아닌 불공不空이라는 것이 진공묘유의 본뜻이다.

❀ 스물일곱 번의 의심

『금강경』은 수보리가 마음속으로 의문을 일으키면 부처님이 그것을 알고 넌지시 다시 수보리에게 다른 질문을 던지면서 의심을 풀어주는 내용으로 전문이 전개된다. 전문에 걸쳐서 수보리가 27번의 의심에 걸린다. 이 의심을 다 끊어주므로 27단의斷疑라 한다. 예로부터 『금강경』의 이 27단의의 내용을 두고 '넝쿨반야'라 말해 왔는데, 넝쿨이 얽힌 것처럼 복잡하다는 뜻에서 한 말이다. 『금강경』을 제대로 이해하려면 27단의의 내용을 잘 알아야 한다고 했다.

부처님이 멸도한 뒤 천 년쯤 지나 북인도 건타라국(乾陀羅國, Gandhara)에 무착(無着, Asánga)이라는 인물이 출현하였다. 그는 보살로 불릴 정도로 불법에 통달해서 많은 공을 남겼다. 그가 일광정日光定이라는 선정에 들어 도솔타천에 올라가 미륵(彌勒, Maitreya)보살을 친견하고 80게송偈頌을 받아왔다. 이 게송에 의해 그는 『금강반야론』이라는 책을 지어 『금강경』의 뜻을 풀이하였다. 그리고 그의 아우인 천친(天親, Vasubandhu)에게 이것을 전해 주었다. 천친은 세친世親이라고도 하는데 다시 『금강반야바라밀경론』을 지었다.

세친은 이 논 속에서 스물일곱 가지의 의심을 세워서 경의 뜻을 풀어가는 실마리를 삼았다. 제일 먼저 일어난 의심은 '상에 머물지 말고 보시를 하라' 곧 관념적인 생각이 앞선 상태가 되지 말고 보시를 하라고 한 「묘행무주분」의 부처님 말씀에 대하여 '보시 등을 하는 것은 결국 장차 부처가 되기 위한 수행이므로 보시에는 어떤 목적 곧 부처가 되겠다는 목적이 분명히 있는 것이다. 목적을 위해서 노력한다면 마음은 목적에 대한 생각이 꽉 차 있게 된다. 목적의식이 차 있는 마음이 어떻게 상을 떠날 수가 있는가? 설사 상에 머무르지 않는 수행이 이루어졌다 하더라도 부처가 되면 부처는 32상을 갖춘 성인이다. 그렇다면 상 없는 수행을 하여 상 있는 부처가 된단 말인가?' 이러한 의심이 일어난 것이다.

이 의심을 없애주기 위하여 부처님이 수보리에게 물은 말이 "수보리야 어떻게 생각하느냐? 신체의 모습 곧 몸매로써 여래를 볼 수 있겠느냐?"이다.

수보리는 다시 "아닙니다. 세존이시여, 신체의 모습으로써 여래를 볼 수 없습니다. 왜냐하면 여래께서 신체의 모습이라고 하는 것은 신체의 모습이 아니기 때문입니다"라고 대답하였다.

상 없는 수행으로 상 있는 부처가 된다는 것은 말이 맞지 않는다고 생각했던 수보리가 부처님이 다시 묻는 말에 스스로 상 있는 신체적 모습으로 부처를 볼 수 없다고 대답하고, 또 스스로 설명하기를 "부처님께서 말씀하신 신체적 모습이란 모양을 떠나 존재하는 법신의 부처님이 아니기 때문입니다"라는 뜻으로 대답을 하였다.

다시 말해 부처님이 수보리에게 신체적 특징으로 '여래'를 보겠느냐 하신 여래는 32상이 갖춰진 인간의 몸매로 된 여래가 아닌 '청정법신의 여래'를 말하는 것이므로, 이 법신여래는 몸매의 모습으로 보는 게 아니란 말이다. 이리하여 처음 일으켰던 의심이 저절로 풀어져 버리게 된다.

그런데 수보리가 다시 의문에 사로잡힌다. '모양을 떠나 여래를 본다. 또 모양 없는 수행으로 모양 없는 부처가 된다.' 이것이 결론인데 이것은 중생들이 이해하기엔 무척 어려운 말이다. 이런 어려운 말을 누가 제대로 믿을 수 있을까? 하는 생각이 일어나게 된 것이다. 그래서 다음 장에서 "세존이시여, 자못 어떤 중생이 이 말을 듣고 진실한 믿음을 내겠습니까?" 하였다. 여기에 부처님은 "그런 말 하지 말라" 하시며 여래가 멸도한 후 맨 마지막 오백세 곧 말세에도 계를 지니고 복을 닦는 자가 있어 믿음을 낼 것이라 하시고 이런 사람은 한두 부처님이 아닌 천만 부처님께 선근을 심은 이들이며, 일체 관념의 고집이 없는 중생이라 하신다.

6장
깊은 믿음

六. 正信希有分
정신희유분

須菩提白佛言 世尊 頗有衆生 得聞如是言說章句 生
實信不 佛告須菩提 莫作是說 如來滅後 後五百歲
有持戒修福者 於此章句 能生信心 以此爲實 當知
是人 不於一佛二佛三四五佛 而種善根 已於無量
千萬佛所 種諸善根 聞是章句 乃至一念 生淨信者
須菩提 如來悉知悉見 是諸衆生 得如是無量福德
何以故 是諸衆生 無復我相人相衆生相壽者相 無
法相亦無非法相 何以故 是諸衆生 若心取相 則爲
着我人衆生壽者 若取法相 卽着我人衆生壽者 何以
故 若取非法相 卽着我人衆生壽者 是故 不應取法
不應取非法 以是義故 如來常說汝等比丘 知我說
法 如筏喩者 法尙應捨 何況非法

수보리가 부처님께 여쭈었습니다.
"세존이시여! 이와 같은 말씀을 듣고 진실한 믿음을 내는 중생들이 있겠습니까?"
부처님께서 수보리에게 말씀하셨습니다.
"그런 말 하지 말라. 여래가 열반에 든 오백 년 뒤에도 계를 지니고 복덕을 닦는 이는 이러한 말에 신심을 낼 수 있고 이것을 진실한 말로 여길 것이다. 이 사람은 한 부처님이나 두 부처님, 서너 다섯 부처님께 선근을 심었을 뿐만 아니라 이미 한량없는 부처님 처소에서 여러 가지 선근을 심었으므로 이 말씀을 듣고 잠깐이라도 청정한 믿음을 내는 자임을 알아야 한다. 수보리여! 여래는 이러한 중생들이 이와 같이 한량없는 복덕 얻음을 다 알고 다 본다. 왜냐하면 이러한 중생들은 다시는 자아가 있다는 관념, 개아가 있다는 관념, 중생이 있다는 관념, 영혼이 있다는 관념이 없고, 법이라는 관념이 없으며 법이 아니라는 관념도 없기 때문이다.
왜냐하면 이러한 중생들이 마음에 관념을 가지면 자아·개아·중생·영혼에 집착하는 것이고 법이라는 관념을 가지면 자아·개아·중생·영혼에 집착하는 것이기 때문이다.
왜냐하면 법이 아니라는 관념을 가져도 자아·개아·중생·영혼에 집착하는 것이기 때문이다. 그러므로 법에 집착해도 안 되고 법 아닌 것에 집착해서도 안 된다.
그러기에 여래는 늘 설했다. 너희 비구들이여! 나의 설법은 뗏목과 같은 줄 알아라. 법도 버려야 하거늘 하물며 법 아닌 것이랴!"

깊은 믿음에 대해 설한 이 분에서는 수보리의 물음에 부처님이 매우 자상하게 대답을 해 주는 대목이다.

수보리가 부처님께 여쭈었습니다.
"세존이시여! 이와 같은 말씀을 듣고 진실한 믿음을 내는 중생들이 있겠습니까?"

 먼저 수보리가 부처님의 법문이 너무 심오하다고 생각하여 이 깊은 법문을 중생들이 제대로 믿을 수 있을까 염려를 한다. 이것은 앞장 「여래의 참모습」에서 말씀하신 '신체적 특징이 신체적 특징 아님을 본다면 바로 여래를 보리라'는 말씀과 '어디에도 머무름 없고, 관념적 생각이 앞섬이 없는 수행으로 모양 없는 부처를 이룬다'는 뜻의 말씀에 부처가 되겠다는 생각으로 수행을 하는 것인데 그렇다면 부처가 되겠다는 생각을 가지는 것도 안 된다는 말인가 하고 수보리가 말세 중생들을 의식하여 여쭤본 대목이다. 쉽게 말하면 법이 쉬워야 중생들이 잘 믿을 텐데 어려우면 일반 중생들이 믿기가 어렵지 않겠느냐는 것이다.

부처님께서 수보리에게 말씀하셨습니다.
"그런 말 하지 말라. 여래가 열반에 든 오백 년 뒤에도 계를 지니고 복덕을 닦는 이는 이러한 말에 신심을 낼 수 있고 이것을 진실한 말로 여길 것이다. 이 사람은 한 부처님이나 두 부처님, 서너 다섯 부처님께 선근을 심었을 뿐만 아니라 이미 한량없는 부처님 처소에서 여러 가지 선근을 심었으므로 이 말씀을 듣고 잠깐이라도 청정한 믿음을 내는 자임을 알아야 한다.

이에 부처님은 설사 후오백세後五百歲가 되어도 진실한 믿음을 내는 사람이 있을 것이라고 말씀하신다.
후오백세란 부처님의 정법이 수행하는 중생들의 근기가 약해짐에 따라 오백 년 단위로 쇠퇴하는 과정을 설명하는 말이다. 『지도론』에 설명된 '오뇌고설五牢固說'에 의하면 부처님이 열반에 드신 이후의 오백 년 동안을 '해탈뇌고(解脫牢固, 뇌고는 때로는 견고堅固라고도 함)'라 하여 쉽게 도를 이루어 해탈을 얻는 시대라 하였고, 다음 오백 년을 '선정뇌고禪定牢固'라 하여 수행하여 도를 이루는 이가 적어도 선정을 이루는 이가 많은 시대라 하였다. 그리고 세 번째 오백 년은 '다문뇌고

多聞牢固'로 지식이 많아 이론이 발달하나 실제 수행이 쇠퇴한 시대라 하고, 네 번째 오백 년은 '탑사뇌고塔寺牢固'로 절을 짓고 탑을 세우는 일이 성행하는 시대를 말한다. 다섯 번째 '투쟁뇌고鬪爭牢固'는 싸움이 일어나는 시대로 이 시대를 후오백세라 한다. 그러나 이 후오백세의 말법시대에도 계를 지니고 복을 닦는 자가 있어 부처님의 설법에 진실한 믿음을 낸다고 하여 수보리의 의심을 끊어준다.

『금강경』을 해석함에 있어 스물일곱 번의 의심을 풀어주는 과정을 세워 전문의 뜻을 연결시켜서 풀이해 나가는 것을 27단의라 한다고 앞서 설명했다. 그 스물일곱 가지 의심 중 첫 번째 의심에 대한 말이 이 분에서 설해졌다. 바른 믿음을 내기가 희유한 일이지만 선근善根이 깊은 사람들은 말법시대에도 이 경에서 설한 부처님의 참뜻을 믿을 것이라 했다. 선근이란 선업을 일으키는 뿌리로 좋은 과보를 불러오는 원인이다. 과거 숙세에서부터 심어 온 선근이 사람마다 다르다고 한다. 전생에 복을 많이 지은 사람이 있는가 하면 그렇지 못해 박복한 사람도 있다. 천만 부처님께 선근을 심어온 수승한 중생이 후오백세가 되어도 부처님 설법에 진실한 믿음을 내어 한량없는 복덕을 받게 될 것임을 부처님은 다 알고 본다 하여 법에 대한 확신을 주며 진리는 영원히 살아 있을 것임을 밝혀 놓는다.

수보리여! 여래는 이러한 중생들이 이와 같이 한량없는 복덕 얻음을 다 알고 다 본다. 왜냐하면 이러한 중생들은 다시는 자아가 있다는 관념, 개아가 있다는 관념, 중생이 있다는 관념, 영혼이 있다는 관념이 없고, 법이라는 관념이 없으며 법이 아니라는 관념도 없기 때문이다.

중생의 생각은 망념으로 일어난다. 때문에 망념에 의해 형성된 일체 관념은 잠 속에서 꾸는 몽경夢境에 불과하다. 그러므로 생각의 관념이 없으면 몽경이 없는 것이다. 꿈이 없으면 꿈을 두고 따질 시비가 일어날 수 없게 된다.

왜냐하면 이러한 중생들이 마음에 관념을 가지면 자아·개아·중생·영혼에 집착하는 것이고 법이라는 관념을 가지면 자아·개아·중생·영혼에 집착하는 것이기 때문이다.

『능가경楞伽經』에서 '마음이 생기면 가지가지 법이 생기고 마음이 없어지면 가지가지 법이 없어진다[心生則種種法生 心滅則種種法滅]'했듯이 관념에 의해 집착이 생기는 것이다. 객관 대상에 대해서도 이렇다 저렇다 하는 생각의 개념이 만들어지면 결국 대상에 집착해버리는 결과가 된다.

왜냐하면 법이 아니라는 관념을 가져도 자아·개아·중생·영혼에 집착하는 것이기 때문이다. 그러므로 법에 집착해도 안 되고 법 아닌 것에 집착해서도 안 된다.

법이 아니라는 관념은 대상을 부정하는 생각이다. 부정하는 것은 먼저 긍정하는 대상을 의식하여 부정을 하게 되므로 이 역시 관념을 만들게 된다. 따라서 한 생각 일어나서 무엇을 무엇이다 긍정해도 안 되고 무엇이 아니라고 부정할 수도 없다는 것이다. 선禪에서는 이런 것을 배촉관背觸關이라 한다. 법이라는 것은 촉觸이고 법이 아니라는 것은 배背다. 『무문관無門關』 43칙에 수산성념(首山省念, 926~993) 선사가 죽비竹篦를 들고 대중에게 말했다.

"여러분 이것을 죽비라 부르면 저촉이 되고 죽비가 아니라 하면 완전히 등지게 될 것입니다. 자, 무엇이라 해야 할까요?"

말하자면, 말을 해도 안 되고 말을 아니해도 안 되니 어떻게 해야 되느냐는 말이다. 말과 침묵을 다 떠나는 도리를 찾으라는 말이다. 『금강경』의 이치로 말한다면 공 속에 들어가 버리라는 말이라고나 할까?

그러기에 여래는 늘 설했다. 너희 비구들이여! 나의 설법은 뗏목과 같은 줄 알아라. 법도 버려야 하거늘 하물며 법 아닌 것이랴!"

어디에도 고집함이 없어 관념적인 모양내기에 걸리지 않으면 이때 비로소 중도中道의 실상을 터득하게 된다. 부처님의 설법마저 뗏목의 비유로 알라는 것은 실상의 진리는 말로 미칠 수 없으며, 말이란 다만 달을 가리키는 손가락 구실을 하는 방편에 불과하다는 것이다. 결국 깨달음을 방해하는 것은 마음속에 있는 관념적 고집성이며 이것이 번뇌와 집착을 만들어 중생을 미혹에 몰아넣는다는 것이다.

초기경전 『숫타니파타』에 나오는 '그물에 걸리지 않는 바람처럼 살라'는 말이 바로 집착을 버려 어디에도 속박을 받지 말라는 말이다.

❀ 사대는 본래 주인이 없다

승조 법사(僧肇法師, 383~414)는 동진 때의 스님이었다. 장안 출신으로 집안이 가난하였으나, 학문을 좋아하여 널리 경사經史를 익혔다. 처음에는 노장老莊사상을 좋아해 심취해 있다가 지겸支謙이 번역한 『유마경』을 읽고 불교에 귀의한 후 당시 유명한 역경가로 알려진 구마라집의 문하에 들어가 지도를 받아 으뜸가는 수제자가 되었다.

그가 지은 유명한 논서에 『조론肇論』이 있다. 이 논은 반야부 경전에서 설하는 공의 이치를 논한 책이다. 네 부분으로 나누어져 「물불천론物不遷論」, 「부진공론不眞空論」, 「반야무지론般若無知論」, 「열반무명론涅槃無名論」으로 되어 있는데, 승조가 논한 책이라 하여 '조론'이라 부른다. 물론 이는 후대의 사람들이 승조의 논서를 모아 편찬해 부른 것이다.

삼론종三論宗 중에서 말하는 만유제법萬有諸法이 자성自性이 없어서 모두가 공한 것이나 그것은 상대적 공이 아니라 언어 사려가 끊어진 절대적인 묘공妙空이라 주장하여 공을 논한 내용이다. 이렇게 공에 대하여 철저한 이론을 세우기도 한 승조 법사는 부처님의 십대제자 가운데 수보리처럼 해공제일이라 불리었다.

그러나 그는 무척 불우한 일생을 마쳤다. 당시 후진의 왕이었던 요흥姚興이 그에게 벼슬을 내렸는데, 이를 거절해 왕의 노여움을 사 사형을 당한 것으로 전해진다. 요흥은 승조의 스승 구마라집을 맞이하여 장안에 머물게 하면서 경전을 번역하게 하고 불교를 크게 외호하기도 했는데, 승조 법사와는 무슨 악연이 있었는지 승조가 요흥의 노여움을 사 31살의 나이에 형장의 이슬로 사라졌다고 기록되어 있다.

그가 지은 논서에는 또 『보장론寶藏論』이라는 것이 있다. 일설에는 승조가 직접 지은 것이 아니라고 주장하는 설도 있지만 그의 저서 목록에 들어 있다. 이 『보장론』은 승조가 감옥에서 사형을 당하기 전 일주일 동안 저술한 것이라 한다. 사형 집행을 일주일만 연기해 달라는 간청을 한 승조가 허락을 얻어 마지막으로 지은 저술이 『보장론』이라는 것이다. 이 『보장론』에서는 법성 진여의 체體와 용用을 논해 설명하고 있다. 「광조공유품」, 「이미체정품」, 「본체허연품」의 3품으로 되어 있으며 당말의 동산 양개나 운문 문언의 어록에 많이 인용되고 있다. 또 영명 연수 선사의 『종경록』(100권. 북송 연수의 저서로서 대승교의 경론 60부와 중국·인도 성현 300인의 저서를 비롯하여 선승의 어록·계율서·속서 등을 널리 인용, 방증하여 선가에서 말하는 '마음 밖에 따로 부처가 없고, 눈에 보이는 것이 모두 법이다[心外無佛觸目皆法]'라는 뜻을 말한 책)에도 인용하고 있어 선가에서도 중요시한다. 그러나 논리체계나 내용상에 승조의 다른 논서와 차이가 있다고 해서 후대에 와서 위탁한 것으로, 승조가 친히 지은 저서가 아니라는 설이 나왔다.

승조의 사상은 공에 있다. 그는 철저히 공을 체득하여 남다른 경지를 체험한 인물이다. 무엇보다도 그의 임종게가 이를 말해 주고 있다. 그는 형장의 이슬로 사라지면서 초연히 읊었다.

四大元無主　사대원무주
五蘊本來空　오온본래공
將頭臨白刃　장두임백인
恰似斬春風　흡사참춘풍

사대는 본래 주인이 없고
오온은 본래 빈 것이다
내 머리를 칼날이 칠 것이지만
봄바람을 베는 것에 불과하리라

참으로 놀라운 시이다. 사대오온은 육체와 정신이다. 내 몸뚱이가 주인 없는 물건이란 말이다. 마음이니 정신이니 하는 것도 본래 아무것도 없었다는 말이다. 그러니 칼날이 내 목을 내리쳐도 봄바람을 베는 것과 같으리라. 이 시를 남기고 죽은 승조 법사는 과연 공의 달인이었다.

7장
깨침과 설법이 없음

七. 無得無說分
무 득 무 설 분

須菩提 於意云何 如來得阿耨多羅三藐三菩提耶 如
수보리 어의운하 여래득아누다라삼막삼보리야 여
來有所說法耶 須菩提言 如我解佛所說義 無有定
래유소설법야 수보리언 여아해불소설의 무유정
法名阿耨多羅三藐三菩提 亦無有定法如來可說 何
법명아누다라삼막삼보리 역무유정법여래가설 하
以故 如來所說法 皆不可取 不可說 非法 非非法
이고 여래소설법 개불가취 불가설 비법 비비법
所以者何 一切賢聖 皆以無爲法 而有差別
소이자하 일체현성 개이무위법 이유차별

"수보리여! 그대 생각은 어떠한가? 여래가 가장 높고 바른 깨달음을 얻었는가? 여래가 설한 법이 있는가?"
수보리가 대답하였습니다.
"제가 부처님께서 말씀하신 뜻을 이해하기로는 가장 높고 바른 깨달음이라 할 만한 정해진 법이 없고, 또한 여래께서 설한 단정적인 법도 없습니다. 왜냐하면 여래께서 설한 법은 모두 얻을 수도 없고 설할 수도 없으며, 법도 아니고 법 아님도 아니기 때문입니다. 그것은 모든 성현들이 다 무위법 속에서 차이가 있는 까닭입니다."

"수보리여! 그대 생각은 어떠한가? 여래가 가장 높고 바른 깨달음을 얻었는가? 여래가 설한 법이 있는가?"

 이 장에서는 부처님이 정각을 얻은 바가 없고 법을 설하지도 않았다 한다. 이것은 '일체의 관념적 생각이 앞서지 말아야 한다'는 앞에서의 부처님 말씀을 듣고 '그렇다면 나라는 자기 존재의식 없이 어떻게 법을 설할 수가 있으며 위없는 정각을 누가 얻었는가?' 하는 수보리의 의심이 제기되어 이를 해소해 주는 말이다.
 객관적 사실로 볼 때 부처님은 분명히 위없는 정각을 얻었고 중생들을 위하여 수많은 설법을 하셨지만, 그러나 그렇게 현상의 사실에 끌려가 관념을 형성하면 고집의 집착이 생기므로 이를 사전에 방지하기 위하여 부처님이 넌지시 수보리에게 물었다.
 여래가 '위없는 정각을 얻었다고 생각하느냐? 설한 바 법이 있다고 생각하느냐?' 한 말은 없다는 것을 강조하기 위함이다. 일체 형상을 떠난 실상의 참 진리는 감각으로 느끼는 대상이 아니며 인식으로 이해하는 차원이 아니라는 것이다.

수보리가 대답하였습니다.
"제가 부처님께서 말씀하신 뜻을 이해하기로는 가장 높고 바른 깨달음이라 할 만한 정해진 법이 없고, 또한 여래께서 설한 단정적인 법도 없습니다. 왜냐하면 여래께서 설한 법은 모두 얻을 수도 없고 설할 수도 없으며, 법도 아니고 법 아님도 아니기 때문입니다.

정해진 법이 없다는 것은 실상의 근본 본질은 늘 현상을 초월해 있다는 말이다. 음식의 맛을 잡아내거나 말로 설명할 수 없듯이 법 자체는 물건을 잡듯이 잡을 수 있는 것이 아니며, 말로 설명할 수도 없다. 그렇기 때문에 법은 법이라 하여도 법이 아니고 법이 아니라 하여도 아닌 것이 아니다.

그것은 모든 성현들이 다 무위법 속에서 차이가 있는 까닭입니다."

무위법無爲法이란 유위법有爲法에 상반되는 개념으로 인연에 따라 변해지지 않는 절대 평등한 법, 이렇게 되고 저렇게 되는 조작이 없는 법을 말한다. 법의 분류에 있어서는 허공이나 열반 등을 무위법이라고 한다. 이 무위법 속에는 가부可否가 있을 수 없으며, 어떠한 상황 규정을 내릴 수 없다. 그야말로 시是도 아니고 비非도 아니며 심지어 아니라는 것도 아니다. 긍정과 부정으로 판단하지 못하는 경지이다. 있는가 하면 없고, 없는가 하면 있고, 모든 상대적 개념이 전부 없어진 속에 다시 모든 상대적 개념이 다 살아나는 진공묘유의 도리가 무위법에 있다.

『반야심경』의 '색불이공 공불이색'이란 말의 뜻처럼 현상을 공으로 보고, 그 공 속에서 동시에 현상을 찾아내는 중도실상의 이치가 천명되어 있다. 다시 말하면 눈에 보이고 귀에 들리는 객관 경계를 『금강경』에서는 있는 것이라고 보지 않는다. 있다는 것은 미혹한 중생의 고집일 뿐이며 없다고 주장하는 것도 물론 고집일 뿐이다. 무위법에서 차별이 있다는 것은 실상에 입각한 본래의 무위법이 수행 정도에 따라 유위의 현상으로 차별된 모습을 보인다는 것이다.

수행의 지위 점차에 따라 현인의 지위가 있고 성인의 지위가 있다. 범부의 지위를 넘어서 현인의 지위가 있고 현인의 지위 위에 성인의 지위가 있다. 보통 삼현三賢 십지十地라 하여 성불을 할 때까지 닦아가는 수행지위를 대표하는 말로 쓰인다.

❀ 부처에 합격하는 비결

중국 당나라 때 방온(龐蘊, ?~808)이라는 거사가 있었다. 석두희천, 단하천연, 약산유엄, 마조도일 등 당대의 대선사들을 두루 참방하고 도를 깨달은 중국 역사상 거사 도인으로 최고봉을 차지한 인물이었다. 인도에 유마維摩 거사가 있었고, 중국에는 방龐 거사, 우리나라에는 부설淨雪 거사가 유명한 도의 행적을 남겼다. 마조도일 선사를 참 방하였을 때 방 거사가 묻기를 "만법으로 더불어 짝하지 않는 사람이 누구입니까?" 했더니 도일 선사가 "그대가 한 입으로 서강의 물을 다 빨아 삼키면 말해주겠노라"고 한 말끝에 크게 깨쳤다고 전해진다.

이 방 거사가 남긴 게송 가운데 다음과 같은 4구송이 있다.

十方同聚會　시방동취회
個個學無爲　개개학무위
此是選佛場　차시선불장
心空及第歸　심공급제귀

시방이 함께 모여
낱낱이 무위를 배우니
여기가 부처를 뽑는 과거장이니
마음이 공해지면 급제해 돌아간다

동서남북을 위시한 여러 곳에서 모여온 사람들이 함께 참선 수행을 하고 있다. 참선은 우선 마음의 번뇌를 가라앉혀 함이 없는 마음, 무위심을 배양하는 것이다. 이 공부를 하는 곳은 바로 옛날 과거를 치러 급제자를 뽑는 과거장과 같은 곳이다. 다시 말해 부처를 뽑는 곳으로, 누가 부처에 급제하느냐 하면 마음이 공해지면 부처에 합격한다는 것이다.

『금강경』의 상을 여읜다는 법문은 곧 마음이 비워져 관념적인 생각에 지배되지 않는다는 뜻이다. 비워지면 트이고 열려지게 된다. 지혜와 자비가 모두 공을 통해 나올 수 있는 것이다.

8장

부처와 깨달음의 어머니, 금강경

八. 依法出生分
의법출생분

須菩提 於意云何 若人 滿三千大千世界七寶 以用
수보리 어의운하 약인 만삼천대천세계칠보 이용
布施 是人 所得福德寧爲多不 須菩提言 甚多世尊
보시 시인 소득복덕영위다부 수보리언 심다세존
何以故 是福德 卽非福德性 是故如來說福德多 若
하이고 시복덕 즉비복덕성 시고여래설복덕다 약
復有人 於此經中 受持乃至四句偈等 爲他人說 其
부유인 어차경중 수지내지사구게등 위타인설 기
福勝彼 何以故 須菩提 一切諸佛 及諸佛阿耨多羅
복승피 하이고 수보리 일체제불 급제불아누다라
三藐三菩提法 皆從此經出 須菩提 所謂佛法者 卽
삼먁삼보리법 개종차경출 수보리 소위불법자 즉
非佛法
비불법

"수보리여! 그대 생각은 어떠한가? 어떤 사람이 삼천대천세계에 칠보를 가득 채워 보시한다면 이 사람의 복덕이 진정 많겠는가?"
수보리가 대답하였습니다.
"매우 많습니다, 세존이시여! 왜냐하면 이 복덕은 바로 복덕의 본질이 아닌 까닭에 여래께서는 복덕이 많다고 하셨기 때문입니다."
"다시 어떤 사람이 이 경의 사구게만이라도 받고 지니고 다른 사람을 위해 설해 준다고 하자. 그러면 이 복이 저 복보다 더 뛰어나다. 왜냐하면 수보리여! 모든 부처님과 모든 부처님의 가장 높고 바른 깨달음의 법은 다 이 경에서 나왔기 때문이다. 수보리여! 부처의 가르침이라고 말하는 것은 부처의 가르침이 아니다."

"수보리여! 그대 생각은 어떠한가? 어떤 사람이 삼천대천세계에 칠보를 가득 채워 보시한다면 이 사람의 복덕이 진정 많겠는가?"

이 장에서 밝힌 중요한 뜻은 부처님과 부처님의 깨달은 법이 경에서 나왔다는 것이다. 말하자면 경이 불법의 모체母体라는 말이다. 이 불모佛母인 경을 수지함으로써 얻는 복덕이 우주에 가득한 일곱 가지 보배를 사용하여 보시를 하는 복덕보다 많다 하였다.

삼천대천세계란 우주를 가리키는 말로, 인도 승려 바수반두가 저술한 『구사론』의 설명에 의하면 우주의 구조는 수미산을 중심으로 동서남북 네 개의 대륙인 불바제, 구야니, 섬부주, 구로주가 있고, 해와 달이 떠서 이 사천하를 비춘다. 사대주를 중심으로 여덟 겹의 바다가 있고 그 사이 사이에 일곱 줄기의 산이 있는데, 이를 8향수해 7금산이라 하고 제일 바깥쪽의 산을 철위산이라 한다. 수미산 중턱부터 천상세계가 전개되는데 욕계에 여섯 천상, 색계에 열여덟 천상, 무색계에 네 천상계가 있어 모두 28천의 천상세계가 층층이 전개된다. 이것을 우주권宇宙圈의 한 단위가 되는 수미세계라 하며, 이 수미세계 천 개가 합쳐지면 소천세계라 하고, 소천세계 천 개를 중천세계, 중천세계 천 개를 대천세계라 한다. 금, 은, 유리, 산호, 마노, 진주, 파리를 칠보라 하는데 가장 값나가는 물질적 가치를 가지는 것들이다.

수보리가 대답하였습니다.
"매우 많습니다, 세존이시여! 왜냐하면 이 복덕은 바로 복덕의 본질이 아닌 까닭에 여래께서는 복덕이 많다고 하셨기 때문입니다."

복덕이 복덕의 본질이 아니라는 말은 복덕의 실체가 없기 때문에 세상에서 말하는 일반적인 말로는 복덕이 많다 할 수 있지만 복덕 자체도 공한 것이기 때문에 승의제(勝義諦: 시공을 초월한 출세간적인 진리)로 볼 때는 복덕이 없다는 말이다. 세상에서 말하는 일반적인 상식의 말은 세속제世俗諦이다. 세속제는 줄여 속제라 하는데 현상에 나타나는 사상事相을 유위법 속에서 말하는 것이다. 반면 승의제는 시공을 초월한 무위법의 세계에서 하는 말로 현상을 초월한 절대 진리를 일컫는 말이다.

수보리가 매우 많다고 대답한 것은 세속제에 의거하여 한 말이고 복덕의 본질이 아니라 한 것은 승의제의 복덕이 아니란 말이다.

"다시 어떤 사람이 이 경의 사구게만이라도 받고 지니고 다른 사람을 위해 설해 준다고 하자. 그러면 이 복이 저 복보다 더 뛰어나다.

이러한 것들로 보시하는 게 복을 많이 짓는 일이긴 하나, 경을 수지하는 바와는 성질이 다르다는 것이다.

이른바 유루복有漏福과 무루복無漏福의 차이를 말한 것이다. 유루복은 세속적 가치를 가진 것으로 부귀영화 등을 누릴 수 있는 것이지만 누리고 나면 없어져 버리고, 무루복은 도를 깨닫는 진리적인 가치로 아무리 누려도 다함이 없는 것을 말한다. 비유하여 말하자면 가령 어떤 사람이 죄를 지어 감옥에 갇혔을 때 그 사람에게 면회를 가서 여러 가지로 위로를 하고 좋은 음식이나 의복을 제공한다 하여도 그것으로 진정한 위안이 되지는 못한다. 감옥에 갇힌 사람에게 가장 우선적이고 절실한 것은 석방이 되어 자유의 몸이 되는 상태이다.

경을 수지하는 공덕은 장차 깨달음을 얻어 생사를 해탈할 수 있지만, 일곱 가지 보배의 보시는 세속적 은혜일 뿐 해탈을 얻는 것과 다르다는 것이다. 따라서 유루복은 무루복에 미치지 못한다. 유루의 가치는 무루의 차원에서 보면 보잘것없는 것이며, 실상은 항상 비어 공한 것이라 이 자리에 깨달아 들어가야 부처님의 세계를 체험하게 된다.

왜냐하면 수보리여! 모든 부처님과 모든 부처님의 가장 높고 바

8장 부처와 깨달음의 어머니, 금강경

른 깨달음의 법은 다 이 경에서 나왔기 때문이다.

　부처님과 부처님의 법, 곧 깨달음이 경전에서 나온다고 한 말은 결국 경經이 불모가 된다는 말이다. 경전이 부처님이 출생하는 근본이니 경이 없으면 부처님이 나오지 못한다는 뜻이다. 그렇다면 경의 정체가 무엇인가? 우리는 경을 책으로 된 경전으로 이해하며 이를 부처님의 말씀을 담고 있는 성전聖典이라 한다. 그런데 경전에 설해져 있는 진리 자체를 두고 말할 때 이는 문자와 상관없는 것이다. 다만, 이 진리를 나타내기 위해서 문자를 빌려 책이 만들어지게 된다. 책으로 된 경전이 그릇이라면 그릇 속에 담겨진 내용물이 글자이고 글자 속에 들어 있는 참뜻이 가장 중요한 알맹이가 되는 것이다. 바로 부처님을 출생시킨다는 경은 글자를 떠나 있는 진리 그 자체를 지칭하는 말이라고 볼 수 있다. 다시 말해 깨달음 자체가 경이 되어버리는 것이다. 마치 노자가 『도덕경』에서 무無를 '천하의 어머니[天下母]'라고 말한 것처럼 경을 '부처님의 어머니[佛母]'라고 한 것은 표현의 유형이 같다고 할 수 있다.

❀ 사람마다 누구나 경을 가지고 있다
예로부터 전해지는 게송이다.

　　我有一經卷　　아유일경권
　　不因紙墨成　　불인지묵성
　　展開無一字　　전개무일자

常放大光明　상방대광명

내게 한 권의 경이 있으니
종이와 글자로 된 것이 아니다
펼치면 한 글자도 없지만
항상 큰 광명을 놓네

게송에서 말하는 것처럼 사람마다 자기 자신의 경이 있는 것이다. 이 경은 바로 마음을 두고 말한 것이다. 마음이 경이란 말이다. 마음 밖에 부처가 없다는 말이 있듯이 중생의 마음 자체가 깨달음의 본체이다. 그렇기 때문에 『화엄경華嚴經』에는 "마음과 부처 중생, 이 셋이 차별이 없다[心佛及衆生 是三無差別]"하였다. 또 『열반경涅槃經』에 "모든 중생은 불성이 있다[一切衆生悉有佛性]"고 한 말도 마음이 있기 때문에 부처가 있다는 말이다. 따라서 마음이 있기 때문에 경이 있는 것이다.

　수보리여! 부처의 가르침이라고 말하는 것은 부처의 가르침이 아니다."

　중생의 세계에서 이것이다 저것이다 하던 것이 부처의 세계에서는 아무것도 아니므로 불법이 불법이 아니라 했다.
　왜냐하면 부처의 세계는 일체 관념의 고집을 초월했기 때문에 부처다 하는 것이나 법이다 하는 것이 없다. 이것 역시 세속제에서는 부처의 가르침이라 할 것이 있지만 승의제에서는 없다는 말이다. 본래 아무것도 없다는 본래무일물本來無一物의 경지가 승의제이므로 승의제에서는 세속제에서 가지는 이름을 모두 빼앗아버리게 된다.

9장
관념과 그 관념의 부정

九. 一相無相分

須菩提 於意云何 須陁洹 能作是念 我得須陁洹果不 須菩提言 不也世尊 何以故 須陁洹 名爲入流 而無所入 不入色聲香味觸法 是名須陁洹 須菩提 於意云何 斯陁含 能作是念 我得斯陁含果不 須菩提言 不也世尊 何以故 斯陁含 名一往來 而實無往來 是名斯陁含 須菩提 於意云何 阿那含 能作是念 我得阿那含果不 須菩提言 不也世尊 何以故 阿那含 名爲不來 而實無不來 是故 名阿那含 須菩提 於意云何 阿羅漢 能作是念 我得阿羅漢道不 須菩提言 不也世尊 何以故 實無有法名阿羅漢 世尊 若阿羅漢作是念 我得阿羅漢道 卽爲着我人衆生壽者 世尊 佛說我得無諍三昧人中 最爲第一 是第一離欲阿羅漢 我不作是念 我是離欲阿羅漢 世尊 我若作是念 我得阿羅漢道 世尊 則不說 須菩提是樂阿蘭那行者 以須菩提實無所行 而名須菩提 是樂阿蘭那行

"수보리여! 그대 생각은 어떠한가? 수다원이 '나는 수다원과를 얻었다.'고 생각하겠는가?"
수보리가 대답하였습니다.
"아닙니다, 세존이시여! 왜냐하면 수다원은 '성자의 흐름에 든 자'라고 불리지만 들어간 곳이 없으니 형색, 소리, 냄새, 맛, 감촉, 마음의 대상에 들어가지 않는 것을 수다원이라 하기 때문입니다."
"수보리여! 그대 생각은 어떠한가? 사다함이 '나는 사다함과를 얻었다.'고 생각하겠는가?"
수보리가 대답하였습니다.
"아닙니다, 세존이시여! 왜냐하면 사다함은 '한 번만 돌아올 자'라고 불리지만 실로 돌아옴이 없는 것을 사다함이라 하기 때문입니다."
"수보리여! 그대 생각은 어떠한가? 아나함이 '나는 아나함과를 얻었다.'고 생각하겠는가?"
수보리가 대답하였습니다.
"아닙니다, 세존이시여! 왜냐하면 아나함은 '되돌아오지 않는 자'라고 불리지만 실로 되돌아오지 않음이 없는 것을 아나함이라 하기 때문입니다."
"수보리여! 그대 생각은 어떠한가? 아라한이 '나는 아라한의 경지를 얻었다.'고 생각하겠는가?"
수보리가 대답하였습니다.
"아닙니다, 세존이시여! 왜냐하면 실제 아라한이라 할 만한 법이 없기 때문입니다. 세존이시여! 아라한이 '나는 아라한의 경지를 얻었다.'고 생각한다면 자아·개아·중생·영혼에 집착하는 것입니다.

세존이시여! 부처님께서 저를 다툼 없는 삼매를 얻은 사람 가운데 제일이고 욕망을 여읜 제일가는 아라한이라고 말씀하셨습니다. 저는 '나는 욕망을 여읜 아라한이다.'라고 생각하지 않습니다.
세존이시여! 제가 '나는 아라한의 경지를 얻었다.'고 생각한다면 세존께서는 '수보리는 적정행을 즐기는 사람이다. 수보리는 실로 적정행을 한 것이 없으므로 수보리는 적정행을 즐긴다고 말한다.'라고 설하지 않으셨을 것입니다."

이 장은 수행자가 수행을 이루어도 수행을 이루었다는 생각을 하지 않는다는 내용이다. 앞에서 부처님이 설한 법은 잡아낼 수 없고 말할 수도 없다 하였지만, 불법을 수행해 나가는 과정에 있어서 수행의 지위가 엄연히 달라 수다원을 얻은 지위가 있는가 하면 아라한을 얻은 지위도 있어 수행해서 얻은 정도가 다른데 어째서 얻은 것이 없다 하는가에 대한 궁금증을 풀어주기 위해 부처님이 사과[四果: 깨달음의 네 단계로 수다원과, 사다함과, 아나함과, 아라한과의 단계가 있다] 성인의 예를 들어 하나하나 물은 것이다.

　초기불교에서는 전형적인 수행자들을 성문聲聞이라 불렀다. 번뇌를 끊어 생사를 벗어난 해탈의 경지를 얻는 궁극의 목적을 이루기까지 네 단계의 지위를 두어 수행의 성숙 정도의 차별을 말했다. 이는 번뇌를 끊는 과정이 선후의 단계가 있다고 보고 견도見道와 수도修道의 계위階位에서 끊는 번뇌를 구분하여 수행의 정도를 차별한 것이다.

　견도는 도를 보는 지위 다시 말하면 도에 도달한 지위이며, 수도는 견도 뒤에 다시 구체적인 수련을 더해 가는 지위이다. 견도와 수도를 합하여 유학有學이라 하고 이 과정을 지나 극과極果인 아라한에 이르면 무학無學이라 한다. 견도위에서 끊는 번뇌를 견혹見惑, 수도위에서 끊는 번뇌를 수혹修惑 혹은 사혹思惑이라 한다.

"수보리여! 그대 생각은 어떠한가? 수다원이 '나는 수다원과를 얻었다.'고 생각하겠는가?"
수보리가 대답하였습니다.
"아닙니다, 세존이시여! 왜냐하면 수다원은 '성자의 흐름에 든 자'라고 불리지만 들어간 곳이 없으니 형색, 소리, 냄새, 맛, 감촉, 마음의 대상에 들어가지 않는 것을 수다원이라 하기 때문입니다."

수다원은 범어 스로따빤나Srotāpanna를 음사한 말인데, 견혹을 끊고 처음으로 성인의 부류에 들어온 이들이라 하여 입류入流라 한다. 욕계와 색계, 무색계에서 사제(四諦: 苦, 集, 滅, 道)를 닦아 16심을 성취하여 88가지 번뇌를 끊는다 한다. 이리하여 육진을 벗어나 범부와 같은 미혹에 빠지지 않는다.

"수보리여! 그대 생각은 어떠한가? 사다함이 '나는 사다함과를 얻었다.'고 생각하겠는가?"
수보리가 대답하였습니다.

"아닙니다, 세존이시여! 왜냐하면 사다함은 '한 번만 돌아올 자'라고 불리지만 실로 돌아옴이 없는 것을 사다함이라 하기 때문입니다."

사다함은 범어 사끄릇아가미Skṛdāgami의 음사로 일왕래一往來 곧 '한 번 왔다 가는'이라는 뜻이다. 인간 세상에 한 번 더 왔다 가면 해탈을 얻어 생사를 면한다는 뜻이다. 이 사다함부터는 삼계의 수혹을 끊는다. 수혹은 도를 닦는 과정에서 일어나는 미세한 번뇌로 감정이나 의식에 남아 있는 악습의 잔재라 할 수 있다. 이것이 수도를 장애한다.

견혹을 후천적인 악습이라 한다면 수혹은 선천적인 악습이다. 탐貪, 진嗔, 치痴, 만慢의 사혹이 중심이 되어 삼계에 9품 수혹이 있는데, 사다함은 이 중 6품까지를 6생에 걸쳐 닦아 끊는다 한다.

"수보리여! 그대 생각은 어떠한가? 아나함이 '나는 아나함과를 얻었다.'고 생각하겠는가?"

수보리가 대답하였습니다.

"아닙니다, 세존이시여! 왜냐하면 아나함은 '되돌아오지 않는 자'라고 불리지만 실로 되돌아오지 않음이 없는 것을 아나함이라 하기 때문입니다."

아나함은 범어 아나가미Anāgami의 음사로 불래不來 곧 '오지 않는' 이라는 뜻이다.

사다함은 한 번 왔다 가는 반면, 아나함은 인간세상으로 오지 않고 색계의 제4선천 안에 있는 나함천(무번천에서 색구경천까지)에 태어난다.

"수보리여! 그대 생각은 어떠한가? 아라한이 '나는 아라한의 경지를 얻었다.'고 생각하겠는가?"

수보리가 대답하였습니다.

"아닙니다, 세존이시여! 왜냐하면 실제 아라한이라 할 만한 법이 없기 때문입니다. 세존이시여! 아라한이 '나는 아라한의 경지를 얻었다.'고 생각한다면 자아·개아·중생·영혼에 집착하는 것입니다.

아라한은 성문의 마지막 지위로 7생 60겁의 수행을 완성하여 완전히 생사를 벗어나 해탈을 누리는 성자이다. 불생不生, 무적無賊, 응공應供이라 번역하기도 한다.

세존이시여! 부처님께서 저를 다툼 없는 삼매를 얻은 사람 가운데 제일이고 욕망을 여읜 제일가는 아라한이라고 말씀하셨습니다. 저는 '나는 욕망을 여읜 아라한이다.'라고 생각하지 않습니다.

세존이시여! 제가 '나는 아라한의 경지를 얻었다.'고 생각한다면 세존께서는 '수보리는 적정행을 즐기는 사람이다. 수보리는 실로 적정행을 한 것이 없으므로 수보리는 적정행을 즐긴다고 말한다.'라고 설하지 않으셨을 것입니다."

『금강경』이 대승을 시작하는 법문이므로 초기불교의 성문사과聲聞四果를 들어 말하고 있다.

이 사과의 성자들이 모두 자기 수행의 지위를 얻었지만 한 사람도 얻었다고 생각하지 않는다는 것이다. 그래서 이 장을 한역본에서는 「일상무상분」이라 했다. 쉽게 말하면, 자기 존재를 밖으로 표현하려는 자아의식이 일어나지 않기 때문에 관념의 형성을 통한 주관과 객관의 대립이 없다는 것이다. 이것을 자고로 능소가 끊어졌다고 말해 왔다. 이러한 경지가 무위無爲이다.

하염없는 그 속에 들어갔을 때 도에 계합되는 것이다. 다툼이 없는 삼매란 주객의 대립이 없어 갈등이 일어나지 않으며 욕심의 번뇌가 다하여 고요히 스스로가 공의 진리에 머무는 상태를 말한다. 적정행이란 고요함을 즐기는 선정의 수행으로 공의 원리를 알고 법을 관하는 수행법이다. 부처님의 제자 중 수보리가 이 수행을 가장 잘 했다고 한다.

※ 사리불의 독백

사리불은 부처님의 십대제자 가운데 지혜제일이었다. 원래 육사외도六師外道 가운데 한 사람이었던 산자야의 제자였던 사리불이 이미 석가모니부처님의 제자가 되어 있던 다섯 비구 중 한 사람인 앗사지(馬勝, Aśvajit) 비구를 길가에서 만난다.

사리불은 그때 스승의 가르침에 만족을 못하고 진리에 대한 깊은 회의에 빠져 있었다. 하루는 맞은편에서 오는 한 수행자를 보았다. 위의威儀와 거동擧動이 매우 훌륭해 보이는 높은 수행을 한 사람인 것 같았다. 그 사람이 바로 앗사지 비구였는데 사리불이 그에게 물었다.

"당신은 누구를 가르치는 스승으로 있는 사람입니까? 아니면 누구의 가르침을 받고 있는 제자 되는 사람입니까?"

"나는 석가모니부처님의 제자입니다."

"당신의 스승은 당신에게 무엇을 가르쳐 줍니까?"

"나의 스승은 모든 법이 인연에서 생기고 모든 법이 인연에서 소멸된다는 인연법을 가르쳐 주십니다."

이 말을 들은 사리불은 마음에 크게 와닿는 무엇을 느끼고 환희심에 벅찼다. 자기도 어서 부처님의 제자가 되어야겠다고 생각하고 부처님을 찾아가 귀의하게 되었다.

사리불은 자주 부처님으로부터 칭찬을 받았다. 어느 때 부처님은 다른 제자들 앞에서 사리불은 공부가 다 되었다고 칭찬을 하신 적이 있다. 그러나 사리불은 자신의 공부가 다른 사람들보다 앞섰다는 것을 전혀 몰랐다고 한다. 이 말은 수행자가 수행을 하여도 수행을 한다는 생각이 없어야 된다는 뜻이다. 「일상무상분」의 이야기가 바로 이것을 설해 놓은 것이다.

사리불이 어느 날 이런 독백을 하였다.

"나는 사는 것을 원하지도 아니하고 죽는 것을 원하지도 아니한다. 품팔이가 품삯을 기다리듯이 나는 내게 올 인연을 기다릴 뿐이다. 나는 사는 것을 원하지도 아니하고 죽는 것을 원하지도 아니한다."

세속의 범부들은 곧잘 햄릿식의 독백을 하고 산다. 셰익스피어 작품 속의 주인공 햄릿은 "죽느냐 사느냐? 그것이 문제다[To be or not to be that is the question]"라는 말을 했는데 사리불의 말과는 너무나 대조적이다.

10장

불국토의 장엄

十. 莊嚴淨土分

佛告須菩提 於意云何 如來 昔在然燈佛所 於法有所得不 不也世尊 如來在然燈佛所 於法實無所得 須菩提 於意云何 菩薩 莊嚴佛土不 不也世尊 何以故 莊嚴佛土者 則非莊嚴 是名莊嚴 是故 須菩提 諸菩薩摩訶薩 應如是生淸淨心 不應住色生心 不應住聲香味觸法生心 應無所住 而生其心 須菩提 譬如有人 身如須彌山王 於意云何 是身爲大不 須菩提言 甚大世尊 何以故 佛說非身 是名大身

부처님께서 수보리에게 말씀하셨습니다.
"그대 생각은 어떠한가? 여래가 옛적에 연등부처님 처소에서 법을 얻은 것이 있는가?"
"없습니다, 세존이시여! 여래께서 연등부처님 처소에서 실제로 법을 얻은 것이 없습니다."
"수보리여! 그대 생각은 어떠한가? 보살이 불국토를 아름답게 꾸미는가?"
"아닙니다, 세존이시여! 왜냐하면 불국토를 아름답게 꾸민다는 것은 아름답게 꾸미는 것이 아니므로 아름답게 꾸민다고 말하기 때문입니다."
"그러므로 수보리여! 모든 보살마하살은 이와 같이 깨끗한 마음을 내어야 한다. 형색에 집착하지 않고 마음을 내어야 하고 소리, 냄새, 맛, 감촉, 마음의 대상에도 집착하지 않고 마음을 내어야 한다. 마땅히 집착 없이 그 마음을 내어야 한다.
수보리여! 어떤 사람의 몸이 산들의 왕 수미산만큼 크다면 그대 생각은 어떠한가? 그 몸이 크다고 하겠는가?"
수보리가 대답하였습니다.
"매우 큽니다, 세존이시여! 왜냐하면 부처님께서는 몸 아님을 설하셨으므로 큰 몸이라 말씀하셨기 때문입니다."

부처님께서 수보리에게 말씀하셨습니다.

"그대 생각은 어떠한가? 여래가 옛적에 연등부처님 처소에서 법을 얻은 것이 있는가?"

"없습니다. 세존이시여! 여래께서 연등부처님 처소에서 실제로 법을 얻은 것이 없습니다."

먼저 부처님이 과거 연등부처님으로부터 수기(授記: 부처님이 될 것이라고 미리 예언하는 것)를 받았는데 받은 바가 없다고 한다. 무소득의 법문이 설해지는 이유는 꿈속에 있었던 일들이 깨어나면 존재하지 않듯 깨달음의 세계란 모든 현상이 공하여 없는 절대무絶對無의 세계이기 때문이다.

"수보리여 그대 생각은 어떠한가? 보살이 불국토를 아름답게 꾸

10장 불국토의 장엄 113

미는가?"

"아닙니다. 세존이시여! 왜냐하면 불국토를 아름답게 꾸민다는 것은 아름답게 꾸미는 것이 아니므로 아름답게 꾸민다고 말하기 때문입니다."

정토는 불교의 이상 세계인 부처님의 세계 곧 불국토를 말한다. 보살들이 이 불국토를 장엄하느냐고 물은 것은 사과四果 성인들이 자기 수행의 지위를 얻어도 얻었다는 생각이 없는 것처럼 보살들도 정토를 장엄해도 장엄하는 것이 없다는 것을 말하기 위함이다.

장엄한다는 것은 모양을 갖추도록 애쓴다는 것이다. 시각적으로 말하면 꾸며서 보기 좋도록 한다는 뜻인데, 보살들이 이 세상을 불국토화하기 위하여 바라밀행을 실천하는 것을 말한다.

"그러므로 수보리여! 모든 보살마하살은 이와 같이 깨끗한 마음을 내어야 한다. 형색에 집착하지 않고 마음을 내어야 하고 소리, 냄새, 맛, 감촉, 마음의 대상에도 집착하지 않고 마음을 내어야 한다.

마땅히 집착 없이 그 마음을 내어야 한다.

부처님은 다시 어디에도 머무름 없이, 생각을 굳혀 고집 만듦이 없는 마음을 내어야 한다고 강조했다. 이른바 선에서 말하는 무심도리이다. 유심有心은 항상 객관 대상에 집착하여 시비와 분별을 일으킨다. 곧 번뇌의 세계에 들어가 나쁜 업을 유발하기 쉽다. 하염없는 의식이 정화된 세계는 명상名相에 머물지 않으므로 이름이 가지고 있는 내용의 실체를 모두 부정하여 현실의 집착을 벗어나게 한다.

수보리여! 어떤 사람의 몸이 산들의 왕 수미산만큼 크다면 그대 생각은 어떠한가? 그 몸이 크다고 하겠는가?"
수보리가 대답하였습니다.
"매우 큽니다. 세존이시여! 왜냐하면 부처님께서는 몸 아님을 설하셨으므로 큰 몸이라 말씀하셨기 때문입니다."

『금강경』은 시종일관 부정의 논리를 통하여 사물의 객체를 공화空化시켜 인식의 기준을 빼앗아 버린다. 사실 인연에 의하여 나타나는 현상은 임시적인 거짓 모습에 불과하므로 표현의 방편으로 쓰는 명상에 따라 개념이 형성되나 그 실체는 파악될 수 없으며 어떤 성격 규정도 할 수 없는 것이다. 뿐만 아니라 사물의 진상은 묘사될 수도 없다. 비록 밖으로 드러나는 피상적인 모습을 감각적으로 판단한다 하여도 연緣이란 전제된 조건에 따라 임시적으로 식별되는 것이다. 예를 들면 '하늘이 파랗다'고 서술하지만 이는 날씨가 쾌청할 때의 경우이고 구름이 끼었거나 비가 올 때의 하늘은 파랗지 않다. 또 밤에 보이는 하늘은 어두워 캄캄하기만 할 것이다. 때문에 '무엇 무엇이 아니라 이름이 무엇이다'라는 비의 논리를 전개하고 있는 것은 연에 구속된 상황으로써 사물을 판단하면 실상을 어기는 미혹과 잘못된 집착이 생기므로 이를 막기 위한 것이다.

공의 원리에서 보면 이 세상에는 단정斷定할 수 있는 것이 아무것도 없다.

❀ 육조 혜능 선사의 출가 동기

혜능 선사가 출가 전에 가난한 나무꾼으로 살았다는 것은 선종사에 이미 잘 알려진 사실이다. 홀어머니를 봉양하면서 저자에 나무를 팔아 생계를 유지하고 있었다.

어느 날 나뭇짐을 짊어지고 저자에 가서 팔았는데 마침 객주 집주인이 나무를 사서 객주 집에 나뭇짐을 내려놓고 나오게 되었다. 바로 그때 객사에서 어떤 사람이 책을 낭랑하게 읽고 있었다. 무심코 엿듣던 나무꾼 노씨[출가 전 당시 속성이 노盧씨였음]의 귀에 "응당히 머무는 바 없이 그 마음을 내라"는 말이 들려왔다. 순간 귀가 번쩍 뜨이면서 알 수 없는 어떤 강렬한 느낌이 가슴속에 와닿는 것이었다. 그리하여 책을 읽던 사람에게 그 책이 무슨 책이냐고 물었더니, "이 책은 불경 가운데 『금강경』이란 책이요. 황매산에 계시는 홍인(602~675) 선사가 항상 이 경을 독송하기를 권하여 나도 즐겨 읽고 있소"라고 말했다. 이 일이 인연이 되어 노씨는 드디어 출가를 단행하여 황매산으로 오조 홍인 스님을 찾아가게 된 것이다. 그리하여 그는 홍인 스님 회상에서 8개월 동안 방아 찧는 일을 하다 수제자였던 신수神秀를 능가하는 게송을 지어 마침내 육조의 조사 지위를 전해받게 되었다.

"응당히 머무는 바 없이 그 마음을 내라." 이 구절은 육조의 발심을 유발시킨 구절로 알려져 유명한 어구가 되었다. 『금강경』이 중국 선종사에서 중요시 여겨진 동기는 바로 이 구절을 듣고 발심하여 출가

한 육조 스님과도 깊은 관련이 있다. 『금강경』의 법문은 일체의 관념적인 고집을 없애라는 것이 중심 대의이다. 마음속에 그릇된 선입견 따위가 들어 있어서는 안 된다.

「금강경해의」의 서문에 육조 스님이 '무상無相으로 종宗을 삼고, 무주無住로 체體를 삼고, 묘유妙有로 용用을 삼는다'라고 한 것처럼 일체의 상을 부정하고 어떤 대상의 경계에도 집착해서는 안 된다는 무주의 도리를 밝힌 법문이다.

사람의 마음은 업식훈습業識熏習을 통하여 굳혀진 관념적 고집이 있다. 이것을 의지해서 마음을 이렇게 쓰고 저렇게 쓰고 하면서 점점 자신의 업의 장애를 만들어 가는 것이다. 이렇게 되면 결국 스스로 자신의 마음을 구속하여 괴로움에 빠져 들어가는 결과가 야기된다. 그래서 마음을 어디에도 머물지 않은 본래의 순수한 마음 그대로를 쓰라는 것이다. 네 가지 상에 대한 설명 곧 아상·인상·중생상·수자상에 이어 법상·비법상이라는 말도 나온다. 법상이란 존재 자체를 '있는 것'이라고 집착하는 소견이요, 비법상이란 존재 자체를 '있는 것이 아니'라고 부정하는 그릇된 소견이다.

이러한 관념이 앞선 생각들은 결국 번뇌 망상의 경계에 속하는 것이라 이를 가지고 마음이 움직일 때 나쁜 업과를 유발하게 된다. 그러므로 이 관념적인 고집들을 떠났을 때 유위의 행이 아닌 무위의 행이 일어나 업의 구속에서 자유로워지는 것이다.

머무르지 않는 마음이란 상을 떠난 마음이요, 함이 없는 무위심을 말하는 것이다. 예를 들면 사람의 마음을 남녀노소의 성별이나 나이에 따라 남자 마음, 여자 마음. 어른 마음, 아이 마음이라 하지만 실은 마음 그 자체는 남녀노소가 아니라는 것이다. 마치 땅 위에는 정해진 위치 곧 주소가 있으나 허공 자체에는 주소가 없는 것과 같다. 공의 이치에서 보면 우리가 객관 사물에 대하여 느끼는 감각의 기준이 없는 것이다. 사람의 눈에 붉은 색깔로 보이는 것이 짐승들의 눈에는 결코 붉게 보이지 않는다. 그렇기 때문에 깨달음의 마음은 어떤 선입된 관념이 있을 수 없다. 이 마음이 어디에도 붙들리지 않고 일어나야 자유자재한 대행大行이 일어날 수 있다. 이 마음을 내면 중생세계에 업의 충돌은 없어지게 되는 것이다.

11장
무위법의 뛰어난 복덕

十一. 無爲福勝分
무위복승분

須菩提 如恒河中所有沙數 如是沙等恒河 於意云何
수보리 여항하중소유사수 여시사등항하 어의운하
是諸恒河沙 寧爲多不 須菩提言 甚多世尊 但諸恒
시제항하사 영위다부 수보리언 심다세존 단제항
河 尙多無數 何況其沙 須菩提 我今實言告汝 若有
하 상다무수 하황기사 수보리 아금실언고여 약유
善男子善女人 以七寶滿爾所恒河沙數三千大千世界
선남자선여인 이칠보만이소항하사수삼천대천세계
以用布施得福多不 須菩提言 甚多世尊 佛告須菩提
이용보시득복다부 수보리언 심다세존 불고수보리
若善男子善女人 於此經中乃至受持四句偈等 爲他
약선남자선여인 어차경중내지수지사구게등 위타
人說 而此福德 勝前福德
인설 이차복덕 승전복덕

"수보리여! 항하의 모래 수만큼 항하가 있다면 그대 생각은 어떠한가? 이 모든 항하의 모래 수는 진정 많다고 하겠는가?"
수보리가 대답하였습니다.
"매우 많습니다, 세존이시여! 항하들만 해도 헤아릴 수 없이 많은데 하물며 그것의 모래이겠습니까?"
"수보리여! 내가 지금 진실한 말로 그대에게 말한다. 선남자 선여인이 그 항하 모래 수만큼의 삼천대천세계에 칠보를 가득 채워 보시한다면 그 복덕이 많겠는가?"
수보리가 대답하였습니다.
"매우 많습니다, 세존이시여!"
부처님께서 수보리에게 말씀하셨습니다.
"선남자 선여인이 이 경의 사구게만이라도 받고 지니고 다른 사람을 위해 설해 준다면 이 복이 저 복보다 더 뛰어나다."

"수보리여! 항하의 모래 수만큼 항하가 있다면 그대 생각은 어떠한가? 이 모든 항하의 모래 수는 진정 많다고 하겠는가?"

수보리가 대답하였습니다.

"매우 많습니다. 세존이시여! 항하들만 해도 헤아릴 수 없이 많은데 하물며 그것의 모래이겠습니까?"

항하의 모래란 인도의 갠지스 강변에 쌓여 있는 모래를 비유로 들어 대수를 나타내는 말이다. 한 강의 모래 수만큼 강이 있고 모래 수만큼의 강에 있는 모래 수를 비유로 드는 것은 극대수를 나타내려는 비유다.

"수보리여! 내가 지금 진실한 말로 그대에게 말한다. 선남자 선여인이 그 항하 모래 수만큼의 삼천대천세계에 칠보를 가득 채워 보시한다면 그 복덕이 많겠는가?"

수보리가 대답하였습니다.

"매우 많습니다, 세존이시여!"

이 극대수의 삼천대천세계에 가득한 칠보의 보시는 비록 엄청난 것이긴 하지만 그 복덕이 유위복有爲福이다. 다시 말해 속제에서 있는 복이다. 그래서 많기는 많다는 뜻에서 매우 많다고 대답하였다.

부처님께서 수보리에게 말씀하셨습니다.

"선남자 선여인이 이 경의 사구게만이라도 받고 지니고 다른 사람을 위해 설해 준다면 이 복이 저 복덕보다 더 뛰어나다."

그런데 부처님은 속제의 유위복이 승의제의 무위복無爲福과는 견줄 수 없다는 뜻을 말씀하면서 경의 사구게만 받아지니고 남을 위해 설해주는 복이 칠보를 보시하는 복보다 훨씬 낫다고 말하였다.

무위복이란 인연에 따라 증감增減되지 않는 절대성이 있는 복으로 해탈과 열반을 얻는 복이다. 세상의 부귀영화를 누리는 유위복과는 그 성질이 완전히 다르다. 물질적인 재보시를 아무리 많이 해도 무위복을 따르지 못한다는 것이다.

부처님은 갠지스 강의 모래알 수를 제곱한 수만큼의 많은 세계에 칠보의 보석을 보시하는 복과 경의 네 구절을 익혀 지니는 복을 비교하여 무위복의 수승함을 말했다.

무위란 원래 범어 아삼스크르타Asaṃskṛta를 번역한 것으로, 인연에 의하여 조작되는 것이 아니고 생멸변화를 여읜 상주절대의 법을 가리키는 말로 열반과 같은 뜻이다. 이는 곧 진여의 세계로, 여기에 들어가면 깨달음을 얻는다.

복을 무위복과 유위복으로 나눈 것은 세상에서 추구하는 오복五福은 윤회를 따를 뿐 해탈을 얻는 요인이 되지 못하는 반면, 무위복은 위없는 정각을 얻어 해탈을 누리기 때문에 무위복 성취가 불교 수행의 주목적임을 밝히고자 함이다. 불교 수행에 있어서 유위복은 때로 수행을 방해하는 결과를 가져온다고 한다. 복을 누리는 데 안주하여 보리심을 일으키기가 어렵게 되며 무위복의 가치를 모르게 된다는 것이다.

『사십이장경』에는 '호세학도난豪勢學道難'이라 하여 부귀와 세도를 누리는 이들은 도를 배우기가 어렵다 했다. 또 '참된 수행자는 세상의 복을 원수처럼 본다'는 말도 있다. 삼생三生의 원수라는 말이 있는데 한 생은 복을 짓느라고, 또 한 생은 복을 누리느라고, 나머지 한 생은 복이 다하여 빈천해져 도를 닦지 못한다는 데서 유래된 말이다.

항하恒河 곧 갠지스 강은 인도의 가장 긴 강으로 히말라야 산에서 벵골 만灣으로 흘러가는데 힌두교에서는 이 강을 강가Gaṅgā라 하여 숭배하는 풍습이 지금까지 전해지고 있으며, 부처님은 이 강의 모래를 들어 많은 수에 비유해 설법하시곤 했다.

❀ 무위복의 비유

『금강경』에서는 이 세상에 있는 보배들을 모두 내가 가지고 있다가 남에게 보시하는 복보다도 4구의 게송을 수지하는 복이 훨씬 더 수승하다는 말이 설해져 있다. 이른바 무위복이 유위복보다 더 높은 가치를 지닌다는 뜻이다. 무위복은 무루복이라고도 하는데 세속의 부귀영화를 누리는 복과는 다른 복이다. 굳이 말하자면 열반을 얻고 해탈을 얻는 복이라 할 수 있다. 새지 않는다는 뜻에서 무루라 하는데 쉽게 말하면 소모되지 않는다는 뜻이다.

『법화경』에서는 중생이 사는 세계를 불타는 집에 비유한 이야기가 있다. 「방편품」에 불난 집에서 놀고 있는 아이들을 수레를 준다고 달래 밖으로 나오게 하는 화택火宅의 비유가 있다. 또 윤회를 벗어나지 못한 중생의 세계를 감옥에 비유하기도 하는데, 무위복은 바로 감옥을 벗어나는 일과 같고 유위복은 감방에서 먹는 음식과 같다.

유위복은 복을 누리면 없어진다. 마치 아무리 돈을 많이 가지고 있어도 다 써버리면 없어지는 것과 같다.

복진타락福盡墮落이라는 말이 있는데 이 말의 뜻은 유위복을 두고 한 말로 가령 복을 지어 그 과보로 천상에 태어났다 하여도 지은 복을 천상에서 다 누리고 나면 복이 없어져 다시 하계로 떨어져 내려온다는 말이다. 그러니까 유위복에는 항상 번뇌가 따라다닌다. 그러나 무위복은 번뇌를 끊고 해탈의 즐거움을 누리는 복으로 부처님의 세계는 이 무위복을 성취하여 가게 되는 것이다.

12장

올바른 가르침의 존중

十二. 尊重正敎分
존중정교분

復次須菩提 隨說是經 乃至四句偈等 當知此處 一
부차수보리 수설시경 내지사구게등 당지차처 일
切世間天人阿修羅 皆應供養 如佛塔廟 何況有人
체세간천인아수라 개응공양 여불탑묘 하황유인
盡能受持讀誦 須菩提 當知是人成就最上第一希有
진능수지독송 수보리 당지시인성취최상제일희유
之法 若是經典所在之處 則爲有佛若尊重弟子
지법 약시경전소재지처 즉위유불약존중제자

"또한 수보리여! 이 경의 사구게만이라도 설해지는 곳곳마다 어디든지 모든 세상의 천신·인간·아수라가 마땅히 공양할 부처님의 탑묘임을 알아야 한다. 하물며 이 경 전체를 받고 지니고 읽고 외우는 사람이랴! 수보리여! 이 사람은 가장 높고 가장 경이로운 법을 성취할 것임을 알아야 한다. 이와 같이 경전이 있는 곳은 부처님과 존경받는 제자들이 계시는 곳이다."

"또한 수보리여! 이 경의 사구게만이라도 설해지는 곳곳마다 어디든지 모든 세상의 천신·인간·아수라가 마땅히 공양할 부처님의 탑묘임을 알아야 한다.

이 장에서는 경전이 있는 곳이 부처님 계신 곳과 같다는 뜻을 밝혀 놓았다.

부처님 경전을 법신에서 나온 사리, 곧 법신사리라고 말하기도 한다. 어떤 면에서 보면 이 법신에서 나온 사리가 화신에서 나온 사리보다 더 중요하다고 할 수 있다. 왜냐하면 삼신불에 있어서 법신이 참 부처이기 때문이다. 보신이나 화신은 중생의 근기에 따라 나타나는 임시로 보이는 것일 뿐이다. 그러므로 법이 가장 먼저 우선되는 것이다.

또한 이 법이 경 속에 들어 있다. 경이 부처님과 법을 낳는 모체라는 것은 이미 앞에서 밝힌 바 있다. 이 경전에 들어 있는 법이 있으므로 경전이 있는 곳은 부처님이 있는 곳이다. 『금강경』에 있어서 경전과 법과 부처님은 한 몸이다.

앞서 무위법의 뛰어난 복덕을 말한 부분에서 수많은 칠보의 보석을 보시하는 것보다 짧은 경 구절을 독송하는 것이 더 나은 것은, 경이 천상과 인간 아수라들이 공경하고 공양하는 대상이 되며 경이 있는 곳과 그 경을 설하는 곳은 부처님 탑묘가 있는 곳과 같고 존중할 만한 훌륭한 제자들이 있는 곳과 같기 때문이라 하였다. 또 탑을 공양하는 풍습은 부처님이 열반에 드신 이후 초기불교 시대부터 유래된 것으로 불상을 모시고 예배하는 풍습이 생기기 이전부터 있었던 풍습이다. 이러한 풍습의 탄생은 나중에 대승불교의 등장과도 관계가 있다.

'탑묘塔廟'란 탑과 묘당을 합한 말이다. 탑은 원래 절 건물의 지붕 위의 뾰족한 모양을 가리키는 것으로 부처님이나 스님이 거처하는 집을 말하며, 묘당은 성인이나 높은 어른의 초상 등을 모신 방으로 곧 법당과 같은 것이다.

부파불교가 끝날 무렵 부처님에 대한 소박한 믿음을 갖고 있던 사람들은 부처님의 사리를 봉안한 스투파Stūpa를 찾아 예배·공경하는 풍습이 생겼다. 다시 말하면, 사변적인 교리보다 불탑에 대한 신앙을 일으켜 부처님의 행적이 남아 있는 곳에 탑을 세우고 또 그러한 곳을 순례했다.

이러한 일련의 사례들은 불교의 신행을 일상생활에서 자연스럽게 실천하는 불교의 종교적 관습을 새로 형성하게 된다. 이리하여 많은 불탑이 건립되고 숭배되면서 부처님을 더욱 신성시하여 마침내 중생을 구제하는 이로 받들어 부처님의 격을 한층 더 높이는 결과를 가져왔다. 최고의 수행자로서 이상적인 수행의 모범을 보여 준 부처님이 탁월한 능력의 소유자로, 모든 사람에게 이익을 제공해주는 구세불로 그 이미지 변화를 가져오게 된 것이다.

이러한 배경을 통해 새로운 불교운동이 서서히 일어나면서 대승불교가 등장하게 되었다.

하물며 이 경 전체를 받고 지니고 읽고 외우는 사람이랴!
수보리여! 이 사람은 가장 높고 가장 경이로운 법을 성취할 것임을 알아야 한다. 이와 같이 경전이 있는 곳은 부처님과 존경받는 제자들이 계시는 곳이다."

사구게만 지녀도 부처님의 탑묘처럼 천상과 인간 아수라의 공양을 받을 수 있다 했거늘 경 전체를 수지하는 사람은 더 말할 게 없다는 것이다. 경전이 있는 곳은 부처님이 계시는 곳이고 존경받는 제자들이 있는 곳이라는 말은 경전은 부처님의 법신에서 나온 사리와 같기에 불·법·승 삼보의 모태와 같다는 의미이다.

❀ 천상 사람들도 부처님의 설법을 듣는다

욕계의 두 번째 천상을 도리천(忉利天, Trāyastriṃsa)이라 한다. 이 도리천의 왕이 제석(帝釋, Sakrodevendra)이다. 도리천은 사방으로 시위천이 8개씩 있고 맨 가운데 선견성이 있는데 이를 모두 합쳐 33천이라고 한다. 석가모니부처님도 이 도리천에 올라가 생모였던 마야부인을 위해 설법을 해주었다. 이 경이 『지장보살본원경』이다. 도리천의 왕 제석이 거처하는 궁궐 이름은 선법당善法堂이다. 제석이 이 궁궐 안에서 천상 사람들을 모아 놓고 『금강경』을 자주 설하는데 간혹 왕이 다른 일 때문에 결강을 할 때는 천인들이 왔다가 빈자리에 놓여 있는 경을 보고 절만 하고 돌아간다는 설화가 있다. 이런 이야기는 천상에서도 경전을 설함을 알려준다. 또 아수라들도 부처님의 설법을 듣는다고 하는데, 아수라Asura는 품위가 단정치 못하고 싸우기 좋아하는 족속들이다. 사람들이 싸우면서 난장판이 된 것을 아수라장이 되었다고 말하기도 한다. 도리천에 살면서 천상의 복을 일부 누리나 모양이 추하고 싸움을 잘해 천상에 살면서도 천상 사람이 아니라 해서 비천非天 또는 무단無端이라 번역한다. 『법화경』에는 아수라를 악도로 취급하는데 그러나 부처님 법을 들을 수 있는 곳이라 선도善道처럼 취급하는 수도 있다. 『금강경』에도 말미에 서술되어 있지만, 대승 경전 말미에는 '일체 세간 천인 아수라가 부처님께서 설한 바를 듣고 모두 크게 기뻐하면서 믿고 받들어 행했다'고 마무리하고 있다.

13장

이 경을 수지하는 방법

十三. 如法受持分
여법수지분

爾時 須菩提白佛言 世尊 當何名此經 我等云何奉持 佛告須菩提 是經名爲金剛般若波羅蜜 以是名字 汝當奉持 所以者何 須菩提 佛說般若波羅蜜 則非般若波羅蜜 是名般若波羅蜜 須菩提 於意云何 如來有所說法不 須菩提白佛言 世尊 如來無所說 須菩提 於意云何 三千大千世界 所有微塵 是爲多不 須菩提言 甚多世尊 須菩提 諸微塵 如來說非微塵 是名微塵 如來說世界 非世界 是名世界 須菩提 於意云何 可以三十二相見如來不 不也世尊 不可以三十二相得見如來 何以故 如來說三十二相卽是非相 是名三十二相 須菩提 若有善男子善女人 以恒河沙等身命布施 若復有人 於此經中 乃至受持四句偈等 爲他人說 其福甚多

그때 수보리가 부처님께 여쭈었습니다.
"세존이시여! 이 경을 무엇이라 불러야 하며 저희들이 어떻게 받들어 지녀야 합니까?"
부처님께서 수보리에게 말씀하셨습니다.
"이 경의 이름은 '금강반야바라밀'이니, 이 제목으로 너희들은 받들어 지녀야 한다. 그것은 수보리여! 여래는 반야바라밀을 반야바라밀이 아니라 설하였으므로 반야바라밀이라 말한 까닭이다. 수보리여! 그대 생각은 어떠한가? 여래가 설한 법이 있는가?"
수보리가 부처님께 말씀드렸습니다.
"세존이시여! 여래께서는 설하신 법이 없습니다."
"수보리여! 그대 생각은 어떠한가? 삼천대천세계를 이루고 있는 티끌이 많다고 하겠는가?"
수보리가 대답하였습니다.
"매우 많습니다, 세존이시여!"
"수보리여! 여래는 티끌들을 티끌이 아니라고 설하였으므로 티끌이라 말한다. 여래는 세계를 세계가 아니라고 설하였으므로 세계라고 말한다. 수보리여! 그대 생각은 어떠한가? 서른두 가지 신체적 특징을 가지고 여래라고 볼 수 있는가?"
"없습니다, 세존이시여! 서른두 가지 신체적 특징을 가지고 여래라고 볼 수는 없습니다. 왜냐하면 여래께서는 서른두 가지 신체적 특징은 신체적 특징이 아니라고 설하셨으므로 서른두 가지 신체적 특징이라고 말씀하셨기 때문입니다."

"수보리여! 어떤 선남자 선여인이 항하의 모래 수만큼 목숨을 보시한다고 하자. 또 어떤 사람이 이 경의 사구게만이라도 받고 지니고 다른 사람을 위해 설해 준다고 하자. 그러면 이 복이 저 복보다 더욱 많으리라."

그때 수보리가 부처님께 여쭈었습니다.
"세존이시여! 이 경을 무엇이라 불러야 하며 저희들이 어떻게 받들어 지녀야 합니까?"

여기서 말하는 경은 단순히 부처님의 말씀을 기록한 책이 아니다. 또한 지식의 내용도 아니다. 부처님과 부처님의 법을 낳는 모체가 되는 경으로 반야의 당체를 가리킨 것이다. 금강과 같이 견고하여 번뇌를 끊고 무명의 어리석음을 부수는 지혜덩어리가 바로 경이다. 이것은 모든 관념과 지식의 경계를 초월한 절대적인 것으로 무분별지無分別智라 말하기도 한다. 누구에게나 본래 갖추어져 있는 각성覺性으로 일체의 상을 여읜 공적空寂한 것이다.

부처님께서 수보리에게 말씀하셨습니다.

13장 이 경을 수지하는 방법 139

"이 경의 이름은 '금강반야바라밀'이니, 이 제목으로 너희들은 받들어 지녀야 한다. 그것은 수보리여! 여래는 반야바라밀을 반야바라밀이 아니라 설하였으므로 반야바라밀이라 말한 까닭이다. 수보리여! 그대 생각은 어떠한가? 여래가 설한 법이 있는가?"

수보리가 부처님께 말씀드렸습니다.

"세존이시여! 여래께서는 설하신 법이 없습니다."

부처님의 가르침을 여법하게 수지한다는 것은 정법正法을 바로 실천한다는 것이다. 수보리가 경의 이름을 물으매 『금강반야바라밀』이라 일러주고는 다시 반야바라밀이 반야바라밀이 아니라고 하였다. 반야바라밀이 반야바라밀이 아닌 반야바라밀경을 잘 받들어 지니라는 부처님의 분부인 것이다.

일본의 유명한 불교학자인 스즈키 다이세츠[鈴木大拙]는 『금강경』의 사상을 즉비사상卽非思想이라고 표현하였다. '무엇이 무엇이 아니고, 이름이 무엇이다'는 논리는 『금강경』 전문에 걸쳐 여러 차례 나온다. '중생이 중생이 아니라 이름이 중생'이라는 등의 표현이 곧 개체적 사물의 이름을 들어 놓고 그것을 부정해 버리는 논리이다. 이를 '즉비사상'이라고 말한 것이다. 이는 역시 겉으로 나타나는 상을 부정하는 말로 사물에 대한 관념적 고집을 형성하지 못하도록 하는 말이다. 이 세상 모든 것은 실체가 없는 공한 것일 뿐, 어느 것도 무엇이라 규정지을 수 있는 게 없다는 말이다. 때문에 경도 경이 아니라는 말은 당연한 말이다.

"수보리여! 그대 생각은 어떠한가? 삼천대천세계를 이루고 있는 티끌이 많다고 하겠는가?"

수보리가 대답하였습니다.

"매우 많습니다, 세존이시여!"

"수보리여! 여래는 티끌들을 티끌이 아니라고 설하였으므로 티끌이라 말한다. 여래는 세계를 세계가 아니라고 설하였으므로 세계라고 말한다.

모든 법이 공하다면 모양을 드러낼 수 없는 것이고 또 공한 법이 이름을 가질 수 없는 것이다. 그런데 수보리는 경의 이름이 무엇이냐고 물었고, 부처님은 금강반야바라밀이란 이름으로 받들어 지니라 하시면서도 이름이 이름이 아니기 때문에 이름이라는 말씀을 반야바라밀이 반야바라밀이 아니라 이름이 반야바라밀이라 하셨다. 또 먼지 티끌이 먼지 티끌이 아니고, 세계가 세계가 아니라는 말씀도 세계를 구성하는 먼지 티끌과 그것으로 이루어진 땅덩어리가 공의 이치로 보면 부정되어져 한낱 이름에 불과하다는 것이다.

수보리여! 그대 생각은 어떠한가? 서른두 가지 신체적 특징을 가지고 여래라고 볼 수 있는가?"

"없습니다. 세존이시여! 서른두 가지 신체적 특징을 가지고 여래라고 볼 수는 없습니다. 왜냐하면 여래께서는 서른두 가지 신체적 특징은 신체적 특징이 아니라고 설하셨으므로 서른두 가지 신체적 특징이라고 말씀하셨기 때문입니다."

이름이란 사람이 쓰는 언어를 통하여 방편으로 붙인 것이므로 모두 가명(假名, Prajñapti)이다. 진리의 본체에 이름을 붙인다는 것은 사실인즉 소용없는 일이다. 말을 떠나 있는 자리를 말로써 나타내는 것은 언어의 유희에 불과하다. 그러나 부득이 사람들의 입장을 고려하여 설명하기 위한 방편으로 이름을 붙인다. 그래서『대승기신론大乘起信論』에서는 진여를 말을 떠난 이언진여離言眞如와 말을 의지하는 의언진여依言眞如로 구분하여 설명하였다.

모든 사물의 진상은 감각적인 모양으로 보는 것이 아니기 때문에 겉으로 나타나는 모습을 부정하고, 비어 공해진 모양을 초월한 실상을 분별을 떠난 무분별의 세계에서 직관적으로 파악하게 하는 것이『금강경』설법의 중심 요지이다.

법을 설해도 설한 바가 없다는 말씀은 오히려 부처님의 설법의 참뜻을 더욱 높여 법문의 수승함을 더욱 빛나게 하는 결과를 가져온다.

"수보리여! 어떤 선남자 선여인이 항하의 모래 수만큼 목숨을 보시한다고 하자. 또 어떤 사람이 이 경의 사구게만이라도 받고 지니고 다른 사람을 위해 설해 준다고 하자. 그러면 이 복이 저 복보다 더욱 많으리라."

이 대목에서는 쉽게 말해 목숨을 버리는 것보다 경전의 4구를 수지하여 남을 위해 설해 주는 복이 더 많다고 하면서 무위복의 수승함을 재차 강조하였다. 여기서 목숨을 버리는 것을 말하게 된 이유는 칠보 등을 보시하는 경우는 내가 가진 재물을 보시하는 것이기에 재물을 보시하는 것은 사구게를 지니는 것만 못할런지 모르지만, 만약 목숨을 보시하는 경우는 어떤가? 이 경우는 재물을 보시하는 것과 다르므로 사구게 수지의 복보다 못할 것이 어디 있겠는가? 라는 생각을 일으킬까 봐 항하 모래 수만큼의 목숨을 보시한다 하여도 사구게의 복에는 미치지 못한다 한 것이다. 왜냐하면 목숨을 버리는 보시는 이것도 결국 유루복이라 무루의 지혜를 얻는 것이 아니기 때문이다. 그러니까 무루의 지혜를 얻지 못하는 것은 설사 목숨을 버리는 희생을 하더라도 최상의 공덕이 되지 못한다는 것이다. 속제에서 보면 이 세상에서 목숨을 버리는 것보다 더한 일이 있을 수 없는데, 한 목숨이 아닌 갠지스 강 모래 수만큼 목숨을 보시하더라도 사구게에 미치지 못한다 했으니 이는 곧 무루법이 목숨보다 더 귀하다는 뜻이다.

❀ 하늘이 언제나 파란 것은 아니다

인연에 의해 일어난 이 세상의 모든 객관 현상들이 중생의 업식에 의해 인식되고부터 어떤 고정된 관념이 생긴다. 그러나 이 고정된 관념이라는 것은 순간의 찰나적인 상황 설명일 뿐이다. 다시 말해, 그때 전제된 조건에 맞춰 상황을 설명할 뿐이다. 이미 앞서 말한 바와 같이, 가령 하늘이 파랗다고 묘사했을 때 반드시 숨어 있는 어떤 전제된 조건이 있게 된다. 우선 푸르다는 것은 날씨가 청명할 때의 하늘색인 것이고 또 어두운 밤의 시간이 아닌 낮의 시간인 때이다. 비가 오거나 눈이 올 때의 하늘도 아니다. 물론 황혼이 물들었을 때는 파랗지 않다. 따라서 상 곧 상태를 떠나서는, 다시 말해 상황의 조건들이 전제하지 않을 때는 무어라 말할 수 없는 서술 불가능이 되고 만다. 모든 명상을 통해 만들어진 관념들은 허구적인 생각일 뿐 실체가 없는 것이므로 이름을 붙였다 해서 참된 이름이 되지 않는다. 그것은 어디까지나 거짓된 이름인 가명에 불과하므로 '무엇이 무엇이 아니라 이름이 무엇이다'라는 『금강경』 특유의 말이 거듭 설해져 나오는 것이다.

14장
관념을 떠난 열반

十四. 離相寂滅分
이상적멸분

爾時 須菩提 聞說是經 深解義趣 涕淚悲泣 而白
佛言 希有世尊 佛說如是甚深經典 我從昔來所得
慧眼 未曾得聞如是之經 世尊 若復有人 得聞是經
信心淸淨 則生實相 當知是人 成就第一希有功德
世尊 是實相者 則是非相 是故 如來說名實相 世
尊我今得聞如是經典 信解受持 不足爲難 若當來
世 後五百歲 其有衆生 得聞是經 信解受持 是人
則爲第一希有 何以故 此人 無我相人相衆生相壽
者相 所以者何 我相卽是非相 人相衆生相壽者相
卽是非相 何以故 離一切諸相 則名諸佛 佛告須菩
提 如是如是 若復有人 得聞是經 不驚不怖不畏
當知是人 甚爲希有 何以故 須菩提 如來說第一波
羅蜜 非第一波羅蜜 是名第一波羅蜜 須菩提 忍辱
波羅蜜 如來說非忍辱波羅蜜 何以故 須菩提 如我
昔爲歌利王 割截身體 我於爾時 無我相 無人相
無衆生相 無壽者相 何以故 我於往昔節節支解時

若有我相人相衆生相壽者相 應生瞋恨 須菩提 又
念過去於五百世 作忍辱仙人 於爾所世 無我相 無
人相 無衆生相 無壽者相 是故 須菩提 菩薩 應離
一切相 發阿耨多羅三藐三菩提心 不應住色生心
不應住聲香味觸法生心 應生無所住心 若心有住
則爲非住是故 佛說菩薩 心不應住色布施 須菩提
菩薩 爲利益一切衆生 應如是布施 如來說一切諸
相 卽是非相 又說一切衆生 則非衆生 須菩提 如
來是眞語者 實語者 如語者 不誑語者 不異語者 須
菩提 如來所得法 此法無實無虛 須菩提 若菩薩
心住於法 而行布施 如人入闇 則無所見 若菩薩
心不住法 而行布施 如人有目 日光明照 見種種色
須菩提 當來之世 若有善男子善女人 能於此經 受
持讀誦 則爲如來 以佛智慧 悉知是人 悉見是人
皆得成就無量無邊功德

그때 수보리가 이 경 설하심을 듣고 뜻을 깊이 이해하여 감격의 눈물을 흘리며 부처님께 말씀드렸습니다.
"경이롭습니다, 세존이시여! 제가 지금까지 얻은 혜안으로는 부처님께서 이같이 깊이 있는 경전 설하심을 들은 적이 없습니다. 세존이시여! 만일 어떤 사람이 이 경을 듣고 믿음이 청정해지면 바로 궁극적 지혜가 일어날 것이니, 이 사람은 가장 경이로운 공덕을 성취할 것임을 알아야 합니다.
세존이시여! 이 궁극적 지혜라는 것은 궁극적 지혜가 아닌 까닭에 여래께서는 궁극적 지혜라고 말씀하셨습니다. 세존이시여! 제가 지금 이 같은 경전을 듣고서 믿고 이해하고 받고 지니기는 어렵지 않습니다. 그러나 미래 오백년 뒤에도 어떤 중생이 이 경전을 듣고 믿고 이해하고 받고 지닌다면 이 사람은 가장 경이로울 것입니다.
왜냐하면 이 사람은 자아가 있다는 관념, 개아가 있다는 관념, 중생이 있다는 관념, 영혼이 있다는 관념이 없기 때문입니다. 그것은 자아가 있다는 관념은 관념이 아니며, 개아가 있다는 관념, 중생이 있다는 관념, 영혼이 있다는 관념은 관념이 아닌 까닭입니다. 왜냐하면 모든 관념을 떠난 이를 부처님이라 말하기 때문입니다."
부처님께서 수보리에게 말씀하셨습니다.
"그렇다, 그렇다. 만일 어떤 사람이 이 경을 듣고 놀라지도 않고 무서워하지도 않고 두려워하지도 않는다면 이 사람은 매우 경이로운 줄 알아야 한다. 왜냐하면 수보리여! 여래는 최고의 바라밀을 최고의 바라밀이 아니라고 설하였으므로 최고의 바라밀이라 말하기 때문이다.
수보리여! 인욕바라밀을 여래는 인욕바라밀이 아니라고 설하였다. 왜냐하면 수보리여! 내가 옛적에 가리왕에게 온 몸을 마디마디 잘렸을 때, 나는 자아가 있다는 관념, 개아가 있다는 관념, 중생이 있다는 관념, 영혼이 있다는 관념이 없었기 때문이다. 왜냐하면 내가 옛날 마디마디 사지가 잘렸을 때, 자아가 있다는 관념, 개아가 있다는 관념, 중생이 있다는 관념, 영혼이 있다는 관념이 있었다면 성내고 원망하는 마음이 생겼을 것이기 때문이다.
수보리여! 여래는 과거 오백 생 동안 인욕수행자였는데 그때 자아가 있다는 관념이 없었고, 개아가 있다는 관념이 없었고, 중생이 있다는 관념이 없었고, 영혼이 있다는 관념이 없었다.
그러므로 수보리여! 보살은 모든 관념을 떠나 가장 높고 바른 깨달음의 마음을 내어야 한다.
형색에 집착 없이 마음을 내어야 하며 소리, 냄새, 맛, 감촉, 마음의 대상에도 집착 없이 마음을 내어야 한다. 마땅히 집착 없이 마음을 내어야 한다. 마음에 집착이 있다면 그것은 올바른 삶이 아니다. 그러므로 보살은 형색에 집착 없는 마음으로 보시해야 한다고 여래는 설하였다.
수보리여! 보살은 모든 중생을 이롭게 하기 위해 이와 같이 보시해야 한다. 여래는 모든 중생이란 관념은 중생이란 관념이 아니라고 설하고, 또 모든 중생도 중생이 아니라고 설한다.
수보리여! 여래는 바른 말을 하는 이고, 참된 말을 하는 이며, 이치에 맞는 말을 하는 이고, 속임 없이 말하는 이며, 사실대로 말하는 이다. 수보리여! 여래가 얻은 법에는 진실도 없고 거짓도 없다. 수보리여! 보살이 대상에 집착하는 마음으로 보시하는 것은 마치 사람이 어둠 속에 들어가면 아무것도 볼 수 없는 것과 같고 보살이 대상에 집착하지 않는 마음으로 보시하는 것은 마치 눈 있는 사람에게 햇빛이 밝게 비치면 갖가지 모양을 볼 수 있는 것과 같다.
수보리여! 미래에 선남자 선여인이 이 경전을 받고 지니고 읽고 외운다면 여래는 부처의 지혜로 이 사람들이 모두 한량없는 공덕을 성취하게 될 것임을 다 알고 다 본다."

그때 수보리가 이 경 설하심을 듣고 뜻을 깊이 이해하여 감격의 눈물을 흘리며 부처님께 말씀드렸습니다.

이 장에서는 경의 공덕이 말할 수 없이 수승하다는 것에 감동한 수보리가 눈물을 흘리고 나서 다시 다른 사람을 위하여 경의 공덕을 찬탄한다.

"경이롭습니다, 세존이시여! 제가 지금까지 얻은 혜안으로는 부처님에서 이같이 깊이 있는 경전 설하심을 들은 적이 없습니다. 세존이시여! 만일 어떤 사람이 이 경을 듣고 믿음이 청정해지면 바로 궁극적 지혜가 일어날 것이니, 이 사람은 가장 경이로운 공덕을 성취할 것임을 알아야 합니다.

만약 누구든지 이 경을 듣고 신심이 청정해지면 궁극적 지혜가 일어날 것이라고 하였다. 믿음이 깨끗하다는 것은 경의 말씀을 여실히 믿어 추호의 의심이 없는 것을 말한다. 오직 일체 관념의 고집을 떠나 공한 것이 진리의 참모습임을 한결같이 믿으면 그 참 모습 곧 실상의 지혜가 증득되어 진다는 것이다.

세존이시여! 이 궁극적 지혜라는 것은 궁극적 지혜가 아닌 까닭에 여래께서는 궁극적 지혜라고 말씀하셨습니다. 세존이시여! 제가 지금 이 같은 경전을 듣고서 믿고 이해하고 받고 지니기는 어렵지 않습니다. 그러나 미래 오백년 뒤에도 어떤 중생이 이 경전을 듣고 믿고 이해하고 받고 지닌다면 이 사람은 가장 경이로울 것입니다.

실상을 바로 보는 지혜가 일어나면 부처의 지혜를 얻은 것이 된다. 하지만 실상인 궁극적 지혜는 모양이 없는 것이므로 유위법 차원에서 설해지는 감각의 대상이 아니다. 따라서 수보리가 궁극적 지혜는 궁극적 지혜가 아닌 까닭에 궁극적 지혜라 한다고 또 말했다.

또 관념적 고집인 상을 여의면 부처라 하여 이 경은 모든 대상에 대한 관념의 고집을 없애고 공하게 하여 부처님과 같아지게 하는 공덕이 있기 때문에 여간해서는 믿기 어렵지만, 마지막 오백세에 태어난 중생들 중에도 믿는 이가 있어 희유한 공덕을 성취하게 된다 하였다.

왜냐하면 이 사람은 자아가 있다는 관념, 개아가 있다는 관념, 중생이 있다는 관념, 영혼이 있다는 관념이 없기 때문입니다. 그것은 자아가 있다는 관념은 관념이 아니며, 개아가 있다는 관념, 중생이 있다는 관념, 영혼이 있다는 관념은 관념이 아닌 까닭입니다. 왜냐하면 모든 관념을 떠난 이를 부처님이라 말하기 때문입니다."

경을 믿으면 공한 경지를 이루게 되고 공한 경지를 이루면 네 가지 관념의 고집은 사라져 어떤 대상에 대한 집착도 생기지 않는다는 것이다. 이러한 경지에서는 모든 것을 공으로 보므로 어떤 모양도 모양으로 대두되지 않는다. 경의 사구게를 수지하는 것이 항하의 모래 수만큼 많은 몸을 바쳐 보시하는 것보다 복이 많은 이유가 이러한 말에서 설명되고 있다.

부처님께서 수보리에게 말씀하셨습니다.
"그렇다, 그렇다. 만일 어떤 사람이 이 경을 듣고 놀라지도 않고 무서워하지도 않고 두려워하지도 않는다면 이 사람은 매우 경이로운 줄 알아야 한다. 왜냐하면 수보리여! 여래는 최고의 바라밀을 최고의 바라밀이 아니라고 설하였으므로 최고의 바라밀이라 말하기 때문이다.

만약 누군가가 경을 듣고 놀라지만 아니해도 그는 희유한 사람으로 최고의 바라밀을 성취한다고 하였다. 이것 역시 이 경의 공능을 밝힌 말인데 이 경의 법문이 가장 으뜸가는 최고의 바라밀이나, 공의 이치에서 보는 승의제의 입장에서는 바라밀이라 할 것도 없으므로 최고의 바라밀이 최고의 바라밀이 아니라 했다.

수보리여! 인욕바라밀을 여래는 인욕바라밀이 아니라고 설하였다.

인욕바라밀이 인욕바라밀이 아니라 한 것은 사상四相이라는 네 가지 관념의 고집이 없어진 공의 세계에서는 아예 인욕할 것조차 없는 경지이므로 인욕바라밀이 인욕바라밀이 아닌 것이다. 일반적으로 인욕이란 역경계逆境界를 참아내는 것이다. 그러나 고도의 수행을 성취하여 '나'라는 자의식이 없어진 경지에서는 인욕하는 주체와 인욕할 대상이 없어 인욕이라는 관념마저 생기지 않는다. 이를 두고 능소가 끊어진다고 한다.

『금강경』에서 설한 무상 무주의 법문, 곧 주관과 객관에 나누어져 일어나는 일체 관념의 고집과 의식의 응고됨이 없어야 한다는 법문은 능소를 끊으라는 법문이다. 부처님은 또 일체 관념의 고집을 여의고 발심하라 하였다. 흔히, 우리는 성불하기 위해서 발심하여 수행한다고 한다. 다시 말하면 어떤 목적의식을 가지고 자기의 의지를 발휘하여 행동에 들어간다. 그러나 실제 수행은 자기 마음자리의 본래 청정성을 회복하는 일이다. 번뇌와 망상의 때가 낀 마음을 씻는 일은 우선 자의식에서 해방되는 일이다. 자신이 무엇을 하여도 무엇을 한다는 자의식이 일어나지 않게 하라는 것이다.

　왜냐하면 수보리여! 내가 옛적에 가리왕에게 온 몸을 마디마디 잘렸을 때, 나는 자아가 있다는 관념, 개아가 있다는 관념, 중생이 있다는 관념, 영혼이 있다는 관념이 없었기 때문이다.
　왜냐하면 내가 옛날 마디마디 사지가 잘렸을 때, 자아가 있다는 관념, 개아가 있다는 관념, 중생이 있다는 관념, 영혼이 있다는 관념이 있었다면 성내고 원망하는 마음이 생겼을 것이기 때문이다.

　부처님이 과거세에 인욕 선인으로 있다가 가리왕으로부터 사지를 절단 당하는 난을 당했다. 부처님이 선인이 되어 산중에서 수도를 하고 있었는데, 성질이 매우 포악한 그 나라 왕이 사냥을 나왔다가 피로하여 쉬고 있을 때, 왕을 따라왔던 왕비들이 선인에게 예배를 드렸다. 이것을 본 왕이 선인에게 질투를 느껴 '4과를 얻었는가?' 하고 묻자 선인이 '모두 얻지 못했다'고 대답을 하였다. 이에 왕이 노하여 칼로 사지를 자르니 하늘이 노하여 돌을 비 내리듯 하였다. 왕이 두려워 참회하고 선인의 사지는 기적이 일어나 다시 붙었다. 이때 선인은 노여움과 원망이 없었는데 이는 모두 상을 여의었기 때문이라는 것이다.
　또『금강경간정기』에는『열반경』의 이야기를 인용하여 다음의 설화를 붙여 놓았다.

　내가 생각해 보니, 예전에 남천국 부단성의 바라문 집안에 태어났다. 그때 임금이 있었으니 이름이 가라부였다. 성질이 포악하고 교만하였다.

나는 그때 중생을 위하여 성 밖에서 고요히 선정을 닦고 있었다. 그때 왕이 봄이 되어 꽃이 만발하자 그의 권속들과 궁녀들을 데리고 성 밖에 나와 나무 아래서 오욕을 즐기고 있었다.

그중 여러 명의 궁녀들이 왕과의 놀이를 버리고 마침내 나의 처소로 오기에, 나는 그들의 탐욕을 끊어주기 위하여 그들에게 법을 설해 주었다. 그때 왕이 나를 보고는 악심을 내어 내게 물었다.

"그대는 지금 아라한과를 얻었는가?"

"얻지 못했나이다."

"그러면 아나함과를 얻었는가?"

"얻지 못했나이다."

"그대는 젊다. 그리고 2과를 얻지 못했다. 그렇다면 탐욕과 번뇌가 남아 있으리라. 그러면서 어찌 나의 여인들을 엿보는가?"

"대왕이여, 내가 비록 지금 탐욕을 끊지 못했지만 마음속에는 실로 탐착이 없음을 아셔야 합니다."

"어리석은 자여, 세상에 선인이 공기를 마시고 열매를 먹더라도 색을 보고는 오히려 탐하기 마련인데, 더욱이 그대는 젊은 나이에 탐욕을 끊지 못했으면서 어떻게 색을 보고 집착하지 않을 수 있단 말인가?"

"대왕이여, 색을 보고도 탐하지 않는 것은 실로 공기를 마시거나 열매를 먹음으로 해서 되는 것은 아닙니다. 모두 다 무상함과 부정함을 관찰함으로써 이루어지는 것입니다."

"남을 무시하면 비방하게 마련이다. 그러고도 어떻게 청정한 계를 수지한다 하겠는가?"

"대왕이여, 질투심이 없으니 어찌 남을 비방하겠습니까?"

"그대는 무엇을 계라 하는가?"

"인욕을 계라 하나이다."

"인욕이 계라면 너의 귀를 잘라도 상관없겠구나. 능히 참을 수 있다면 그대의 지계를 인정하겠노라."

그러고는 나의 귀를 잘랐다. 그때 나는 귀를 잘렸으나 얼굴 표정이 변하지 않았다. 이에 왕은 다시 내 얼굴 표정이 변하는지 변하지 않는지를 시험하기 위하여 코를 자르고 수족을 잘랐다. 그때 사천왕이 노하여 돌비를 내렸다. 왕이 이를 보고 두려워 무릎을 꿇고 말하였다.

"불쌍히 여기시서 저의 참회를 받아 주소서."

"대왕이여, 나는 마음에 성냄이 없는 것이 탐욕이 없는 것과 같나이다."

부처님은 오백 생을 인욕 선인으로 있었다고 하였다. 모든 상을 벗어나면 인욕행이 성취되고 인욕행이 수행의 참된 힘이다.

수보리여! 여래는 과거 오백 생 동안 인욕수행자였는데 그때 자아가 있다는 관념이 없었고, 개아가 있다는 관념이 없었고, 중생이 있다는 관념이 없었고, 영혼이 있다는 관념이 없었다.

그러므로 수보리여! 보살은 모든 관념을 떠나 가장 높고 바른 깨달음의 마음을 내어야 한다.

형색에 집착 없이 마음을 내어야 하며 소리, 냄새, 맛, 감촉, 마음의 대상에도 집착 없이 마음을 내어야 한다. 마땅히 집착 없이 마음을 내어야 한다. 마음에 집착이 있다면 그것은 올바른 삶이 아니다. 그러므로 보살은 형색에 집착 없는 마음으로 보시해야 한다고 여래는 설하였다.

수보리여! 보살은 모든 중생을 이롭게 하기 위해 이와 같이 보시해야 한다. 여래는 모든 중생이란 관념은 중생이란 관념이 아니라고 설하고, 또 모든 중생도 중생이 아니라고 설한다.

이미 제4장 「묘행무주분」에서 밝혔듯이 발심을 하는 데에도 법에 고집하는 생각을 가져서는 안 된다고 하였다. 눈에 보이는 대상인 물질적 형체에 고집하는 생각이나 귀에 들리는 대상인 소리와 코에 맡아지는 대상인 냄새, 혀에 느껴지는 맛, 피부에 닿는 촉감, 그리고 기억의 대상에 고집하는 생각을 떠났을 때 진정한 발심이 되는 것이라 하였다.

수보리여! 여래는 바른 말을 하는 이고, 참된 말을 하는 이며, 이치에 맞는 말을 하는 이고, 속임 없이 말하는 이며, 사실대로 말하는 이다. 수보리여! 여래가 얻은 법에는 진실도 없고 거짓도 없다.

수보리여! 보살이 대상에 집착하는 마음으로 보시하는 것은 마치 사람이 어둠 속에 들어가면 아무것도 볼 수 없는 것과 같고 보살이 대상에 집착하지 않는 마음으로 보시하는 것은 마치 눈 있는 사람에게 햇빛이 밝게 비치면 갖가지 모양을 볼 수 있는 것과 같다.
　수보리여! 미래에 선남자 선여인이 이 경전을 받고 지니고 읽고 외운다면 여래는 부처의 지혜로 이 사람들이 모두 한량없는 공덕을 성취하게 될 것임을 다 알고 다 본다."

　수보리의 마음속에 또 하나의 의문이 떠올랐다. 그것은 경의 사구게를 수지하는 공덕이 삼천대천세계에 가득한 칠보를 보시하는 공덕보다 낫고 또 갠지스 강변의 모래 수만큼 많은 목숨을 보시한 것보다 나은 공덕이라 하였다. 부처님의 이 말씀에 의해 보리를 이룰 수 있다는 것이다. 그렇다면 이 말씀 의지한 인연으로 보리의 결과를 얻는다면 인과의 성질이 다르다. 곧 말씀은 유위인데 보리는 무위가 되는 것이다. 유위인 말씀은 실체가 없는 것이요, 보리는 실체가 있는 것이다. 이렇거늘 어찌 경을 지니는 유위의 인연으로 무위의 보리를 얻는 결과를 얻을 수 있는가 하는 의문이 일어난 것이다.
　이 의문에 대해 부처님이 부처님 자신의 말씀에 의문을 내지 말고 확신을 가지고 보리에 나아가라는 뜻에서 여래는 추호도 의심의 여지가 없는 5가지의 말씀으로 법을 설한다 하였다. 그러나 여래의 말씀이 아무리 5가지의 뜻을 갖춘 말이라 하여도 세속적인 언어를 빌려 붙인 이름일 뿐 말의 실체는 없는 것이다. 그렇기 때문에 다시 "여래가 얻은 법에는 진실도 없고 거짓도 없다" 하였다. '진실이 없다'는 것은 말의 실체가 없는 것처럼 본 성품이 없다는 뜻이고 '거짓이 없다'는 것은 말과는 달리 본 성품이 있다는 뜻이다.

수보리는 다시 무위의 법은 곧 진여인데 진여는 어디에나 두루 미쳐 있는 것이다. 어째서 이 진여를 얻는 이가 있는가 하면 얻지 못하는 이도 있어 차별이 나타나는가? 이 의문에 대하여 보살들이 마음을 법에 머물고 머무르지 않는 차이에 따라, 얻고 얻지 못한다는 것을 밝힌다. 대상에 집착하는 것은 어둠 속에 들어가 아무것도 보지 못하는 바와 같고 대상에 집착하지 않는 것은 밝은 곳에 있는 사람이 모든 것을 볼 수 있는 경우와 같다고 하였다. 곧 집착은 어리석음이 되고 집착이 없는 게 지혜가 된다는 말이다.

15장

경을 수지하는 공덕

十五. 持經功德分
지경공덕분

須菩提 若有善男子善女人 初日分 以恒河沙等身布
수보리 약유선남자선여인 초일분 이항하사등신보
施 中日分 復以恒河沙等身布施 後日分 亦以恒河
시 중일분 부이항하사등신보시 후일분 역이항하
沙等身布施 如是無量百千萬億劫 以身布施 若復有
사등신보시 여시무량백천만억겁 이신보시 약부유
人 聞此經典 信心不逆 其福勝彼 何況書寫受持讀
인 문차경전 신심불역 기복승피 하황서사수지독
誦 爲人解說 須菩提 以要言之 是經 有不可思議不
송 위인해설 수보리 이요언지 시경 유불가사의불
可稱量無邊功德 如來爲發大乘者說 爲發最上乘者
가칭량무변공덕 여래위발대승자설 위발최상승자
說 若有人 能受持讀誦 廣爲人說 如來悉知是人 悉
설 약유인 능수지독송 광위인설 여래실지시인 실
見是人 皆得成就不可量不可稱無有邊 不可思議功
견시인 개득성취불가량불가칭무유변 불가사의공
德 如是人等 則爲荷擔如來阿耨多羅三藐三菩提 何
덕 여시인등 즉위하담여래아누다라삼먁삼보리 하
以故 須菩提 若樂小法者 着我見人見衆生見壽者見
이고 수보리 약요소법자 착아견인견중생견수자견
則於此經 不能聽受讀誦 爲人解說 須菩提 在在處
즉어차경 불능청수독송 위인해설 수보리 재재처
處 若有此經 一切世間天人阿修羅 所應供養 當知
처 약유차경 일체세간천인아수라 소응공양 당지
此處 則爲是塔 皆應恭敬 作禮圍繞 以諸華香 而散
차처 즉위시탑 개응공경 작례위요 이제화향 이산
其處
기처

"수보리여! 선남자 선여인이 아침나절에 항하의 모래 수만큼 몸을 보시하고 점심나절에 항하의 모래 수만큼 몸을 보시하며 저녁나절에 항하의 모래 수만큼 몸을 보시하여, 이와 같이 한량없는 시간동안 몸을 보시한다고 하자.
또 어떤 사람이 이 경의 말씀을 듣고 비방하지 않고 믿는다고 하자. 그러면 이 복은 저 복보다 더 뛰어나다. 하물며 이 경전을 베껴 쓰고 받고 지니고 읽고 외우고 다른 이를 위해 설명해 줌이랴!
수보리여! 간단하게 말하면 이 경에는 생각할 수도 없고 헤아릴 수도 없는 한없는 공덕이 있다. 여래는 대승에 나아가는 이를 위해 설하며 최상승에 나아가는 이를 위해 설한다.
어떤 사람이 이 경을 받고 지니고 읽고 외워 널리 다른 사람을 위해 설해 준다면 여래는 이 사람들이 헤아릴 수 없고 말할 수 없으며 한없고 생각할 수 없는 공덕을 성취할 것임을 다 알고 다 본다. 이와 같은 사람들은 여래의 가장 높고 바른 깨달음을 감당하게 될 것이다.
왜냐하면 수보리여! 소승법을 좋아하는 자가 자아가 있다는 견해, 개아가 있다는 견해, 중생이 있다는 견해, 영혼이 있다는 견해에 집착한다면 이 경을 듣고 받고 읽고 외우며 다른 사람을 위해 설명해 주지 못하기 때문이다.
수보리여! 이 경전이 있는 곳은 어디든지 모든 세상의 천신·인간·아수라들에게 공양을 받을 것이다. 이곳은 바로 탑이 되리니 모두가 공경하고 예배하고 돌면서 그곳에 여러 가지 꽃과 향을 뿌릴 것임을 알아야 한다."

"수보리여! 선남자 선여인이 아침나절에 항하의 모래 수만큼 몸을 보시하고 점심나절에 항하의 모래 수만큼 몸을 보시하며 저녁나절에 항하의 모래 수만큼 몸을 보시하여, 이와 같이 한량없는 시간동안 몸을 보시한다고 하자.
또 어떤 사람이 이 경의 말씀을 듣고 비방하지 않고 믿는다고 하자. 그러면 이 복은 저 복보다 더 뛰어나다.

경을 지니는 공덕을 밝혀 놓은 대목이다. 경의 공덕의 수승함을 나타내기 위하여 유루복에 해당하는 갠지스 강의 모래 수만큼 많은 몸을 보시하는 이야기를 먼저 한다. 아침, 점심, 저녁나절에 한량없는 백천만 겁 동안을 보시하여도 이를 통해 얻는 복덕보다 경을 듣고 믿는 마음으로 거스르지 않는 복덕이 많다는 것이다.

하물며 이 경전을 베껴 쓰고 받고 지니고 읽고 외우고 다른 이를 위해 설명해 줌이랴!

독경과 함께 사경도 행해지는데 이는 읽고 쓰는 행위가 구업과 신업 그리고 의업을 통해 동시에 실천됨을 나타내며 또한 남으로 하여금 경을 읽도록 유도하는 한 방편이기도 하다.

수보리여! 간단하게 말하면 이 경에는 생각할 수도 없고 헤아릴 수도 없는 한없는 공덕이 있다. 여래는 대승에 나아가는 이를 위해 설하며 최상승에 나아가는 이를 위해 설한다.

경의 말씀을 믿고 그것을 진실로 여겨 받아들이게 되면 경이 가지고 있는 공덕을 스스로 성취하게 됨은 당연한 일이다. 그런데 이 경이 가지고 있는 공덕이 실로 어마어마하여 말이나 생각으로 미칠 수 없이 불가사의하기에 대승의 마음과 가장 높은 마음을 낸 사람이 아니면 이해하기 어렵다는 것이다. 특히 이 경은 관념에 응고된 생각의 고집을 타파하는 공의 이치를 설하는 법문이므로 세상의 일반적 상식 차원에서 쉽게 알아질 수 있는 것이 아니다. 관념에 붙들린 알음알이, 곧 망상적 분별 경계에서는 이 경이 받아들여지기 어려운 것이다. 다시 말하면 이 경은 읽어서 무슨 뜻인지 이해하는 지식의 대상인 책이 아니라 깨달음의 본체로 부처님을 직접 만나는 법신의 자리라는 것이다.

어떤 사람이 이 경을 받고 지니고 읽고 외워 널리 다른 사람을 위해 설해 준다면 여래는 이 사람들이 헤아릴 수 없고 말할 수 없으며 한없고 생각할 수 없는 공덕을 성취할 것임을 다 알고 다 본다. 이와 같은 사람들은 여래의 가장 높고 바른 깨달음을 감당하게 될 것이다.

왜냐하면 수보리여! 소승법을 좋아하는 자가 자아가 있다는 견해, 개아가 있다는 견해, 중생이 있다는 견해, 영혼이 있다는 견해에 집착한다면 이 경을 듣고 받고 읽고 외우며 다른 사람을 위해 설명해 주지 못하기 때문이다.

그렇기 때문에 경을 읽고 외우고 남을 위해 설해 주면 아누다라삼먁삼보리를 내 것으로 만들 수 있다 하였다.

수보리여! 이 경전이 있는 곳은 어디든지 모든 세상의 천신·인간·아수라들에게 공양을 받을 것이다. 이곳은 바로 탑이 되리니 모두가 공경하고 예배하고 돌면서 그곳에 여러 가지 꽃과 향을 뿌릴 것임을 알아야 한다."

또 경이 있는 곳을 부처님의 사리를 모신 탑이 있는 곳과 같다고 하여 공양의 대상이며 예배의 대상이라 하였다. 이는 경의 소중함이 부처님과 동격임을 밝혀 경을 통해 부처님을 만나는 불법의 중대성을 이야기한 말이라 할 수 있다.

경을 지닌다는 것은 매우 중요한 의미를 갖는다. 그것은 부처님이 설해 놓은 법을 그대로 따르고 실천하며 경을 자기화하겠다는 것을 뜻한다. 불교수행은 결국 불교가 자기화되어야 한다. 불교가 자기화되지 않으면 진정한 수행이 이루어질 수 없다. 경을 받아지니는 것은 바로 불교를 자기화시키는 것이다. 또한 남을 위해 경을 읽어주기도 한다. 이는 부처님 말씀을 전해 듣게 하여 듣는 사람의 마음에 괴로움을 덜어주고 마음을 위안하여 평화를 얻게 하는 경우도 있고, 번뇌와 망상을 쉬어 참다운 진리를 생각하도록 인도하는 경우도 있다.

❁ 허공에 금강경을 쓴 이야기와 용악 스님 일화

중국 수나라 때 익주 신번현에 왕자촌이라는 마을이 있었다. 구荀씨라는 성을 가진 선비가 이 마을에 살았는데 어느 날 마을 동쪽 들판에 나가 허공에다 글씨를 쓰니 마을 사람들이 무엇을 허공에다 쓰느냐고 물었다.

"천상 사람들이 읽도록 내가 『금강경』을 썼소."

이 일이 있은 후 이상한 일이 생겼다. 비가 올 때 『금강경』을 썼던 하늘 밑의 한 칸 정도의 공간 안에는 비가 젖지 않는 것이었다. 그 뒤 당나라 고조 때에 와서 서역에서 비범하게 생긴 범승이 한 사람 왔는데 이곳에 이르자 허공에 절을 하는 것이었다. 마을 사람들이 이상하게 생각하다가 한 사람이 물었다.

"왜 아무것도 없는 허공에다 절을 하시오?"

"여기는 『금강경』이 있어 하늘 무리들이 항상 와서 둘러싸고 공양을 하므로 절을 하였소."

이에 과거 구씨가 경을 썼던 일을 회상하고 그 자리에 집을 지어 보호하였는데, 간혹 천상의 음악이 들리는 것을 느끼는 사람들이 있었다.

이 이야기 역시 『금강경간정기』에 소개된 이야기이다.

또 절에 가서 금경경 독송을 들은 것이 인연이 되어 사후에 축생의 과보를 받지 않고 인간의 몸을 받게 됐다는 이야기도 있다. 그 외에 사십구재 등 천도재薦度齋를 지낼 때 주로 『금강경』을 독송하는 풍습이 있다. 과거 중국에서부터 유래된 풍습으로 죽은 망인을 위하여 명복을 빌 때 경을 읽어주며 특히 『금강경』은 명부에서 독송의 공덕이 가장 많은 경이라 하여 듣기를 즐겨한다고 하였다.

또 우리나라 스님 가운데 『금강경』을 십만 번이나 독송했다는 용악(聳岳, 1830~1908) 스님에 대한 일화가 전해지고 있다.

이 스님은 강원도 출신으로 어려서 출가하여 함경남도 안변의 석왕사釋王寺에 오래 살았는데 평소 『금강경』을 열심히 수지 독송하여 경을 읽다가 치아에서 사리가 나온 적도 있었다 한다.

그런데 이 스님이 해마다 같은 날에 잔을 받아 마시는 꿈을 꾸었는데 가본 적이 없는 다른 절에서 음식상과 함께 잔을 받는 장면이 나타나는 것이었다. 절 이름이 수암사로 이 절은 함경북도 오산에 있는 절이었다. 한 번은 객승으로 온 한 스님을 석왕사에서 만났는데 수암사에 사는 스님이라 하기에 수암사에 대한 이것저것을 물어 봤더니 꿈에 보았던 절 모습과 똑같이 일치가 되는 것이었다. 하도 이상하여 자기가 꿈꾸던 날을 기억하여 그날 수암사에서 무슨 행사가 있는 날이냐고 물었더니 수암사를 중창한 스님의 제삿날이라 하였다. 듣고 보니 자신이 전생에 수암사를 중창한 스님으로 있다가 다시 금생에 사람으로 태어나 스님이 된 것이 아닌가 하는 생각이 들었다. 수암사에서 온 스님은 용악 스님에게 수암사 중창주인 돌아가신 스님이 평생 서원을 세워놓고 이루지 못하고 간 일이 있다는 말까지 들려주었다. 그것은 합천 해인사에 보관되어 있는 팔만대장경 목판을 종이에 찍어 대장경 전부를 책으로 엮는 인경불사印經佛事를 염원하다가 뜻을 이루지 못하고 돌아가셨다고 하였다. 그런데 이상한 것은 이 일을 용악 스님 자신이 평소에 하고 싶어 발원하고 있었던 것이었다.

그리하여 용악 스님은 자기의 원이 전생부터 세웠던 원이었다 생각하고, 더욱 신심이 나 대장경 인경불사 성취를 위한 기도를 시작하였다. 처음에는 통도사 적멸보궁에서 백일기도를 봉행했다. 병신년(1896)에 했는데, 그때 통도사 자장암에 있는 금개구리[일명 금와金蛙보살이라 부르기도 한다]가 마지摩旨밥을 담은 뜨거운 불기에 앉는 상서가 나타났다고 한다. 다음 정유년에는 해인사에서 또 백일기도를 했는데 큰 구렁이 두 마리가 복행신장腹行神將으로 나타나 스님을 따라 장경각을 돌기도 했다 한다.

이리하여 기도 성취를 하여 다음 해 무술년에 나라의 탁지부度支部를 비롯하여 각계에서 시주가 답지, 대장경 인쇄를 모두 하였다. 네 질을 인쇄해 만들어 삼보사찰인 통도사, 해인사, 송광사에 한 질씩 그리고 한 질은 전국의 각 사찰에 나누어 보관하게 하였다. 이 책을 의지해 나중해 활자판 인쇄로 고려대장경이 편찬되기도 하였다.

용악 스님은 하루에 한 끼만 먹는 일종식을 하면서 매우 검소한 생활을 하며 수행을 잘했다고 전해지고 있다.

16장
업장을 맑히는 공덕

十六. 能淨業障分

復次 須菩提 善男子善女人 受持讀誦此經 若爲人輕賤 是人 先世罪業 應墮惡道 以今世人輕賤故 先世罪業 則爲消滅 當得阿耨多羅三藐三菩提 須菩提 我念過去無量阿僧祇劫 於然燈佛前 得值八百四千萬億那由他諸佛 悉皆供養承事 無空過者 若復有人 於後末世 能受持讀誦此經 所得功德 於我所供養諸佛功德 百分不及一 千萬億分 乃至算數譬喻所不能及 須菩提 若善男子善女人 於後末世 有受持讀誦此經 所得功德 我若具說者 或有人聞 心則狂亂 狐疑不信 須菩提 當知 是經義 不可思議 果報亦不可思議

"또한 수보리여! 이 경을 받고 지니고 읽고 외우는 선남자 선여인이 남에게 천대와 멸시를 당한다면 이 사람이 전생에 지은 죄업으로는 악도에 떨어져야 마땅하겠지만, 금생에 다른 사람의 천대와 멸시를 받았기 때문에 전생의 죄업이 소멸되고 반드시 가장 높고 바른 깨달음을 얻게 될 것이다.

수보리여! 나는 연등부처님을 만나기 전 과거 한량없는 아승기겁 동안 팔백 사천 만억 나유타의 여러 부처님을 만나 모두 공양하고 받들어 섬기며 그냥 지나친 적이 없었음을 기억한다.

만일 어떤 사람이 정법이 쇠퇴할 때 이 경을 잘 받고 지니고 읽고 외워서 얻은 공덕에 비하면, 내가 여러 부처님께 공양한 공덕은 백에 하나에도 미치지 못하고 천에 하나 만에 하나 억에 하나에도 미치지 못하며 더 나아가서 어떤 셈이나 비유로도 미치지 못한다.

수보리여! 선남자 선여인이 정법이 쇠퇴할 때 이 경을 받고 지니고 읽고 외워서 얻는 공덕을 내가 자세히 말한다면, 아마도 이 말을 듣는 이는 마음이 어지러워서 의심하고 믿지 않을 것이다. 수보리여! 이 경은 뜻이 불가사의하며 그 과보도 불가사의함을 알아야 한다."

"또한 수보리여! 이 경을 받고 지니고 읽고 외우는 선남자 선여인이 남에게 천대와 멸시를 당한다면 이 사람이 전생에 지은 죄업으로는 악도에 떨어져야 마땅하겠지만, 금생에 다른 사람의 천대와 멸시를 받았기 때문에 전생의 죄업이 소멸되고 반드시 가장 높고 바른 깨달음을 얻게 될 것이다.

경을 지녀 읽고 외우다가 남으로부터 업신여김이나 천대를 받으면 지난 세상에 지은 죄업이 소멸된다 하여 이 분分을 한문 원문에서는 「능정업장분」이라 하였다. 경을 수지하는 공덕이 전생에 지은 죄업을 소멸시킬 뿐만 아니라 그 공덕이 무량하여 생각으로 헤아려 알 수 없다 하였다.

이미 앞에서 밝혔듯이 경은 부처님과 법을 내는 근본으로 일체 공덕의 원천이다. 또 어둠을 밝히는 광명으로 중생의 무명 심지를 밝혀 반야의 세계를 드러내는 것이 경이다. 그렇기 때문에 설사 중생이 숙세의 업장으로 나쁜 과보를 받게 되어 있다 하더라도 경을 수지 독송하는 공덕에 의해서 숙세의 업을 참회하는 효과를 얻을 수 있다는 것이다.

수보리여! 나는 연등부처님을 만나기 전 과거 한량없는 아승기 겁 동안 팔백 사천 만억 나유타의 여러 부처님을 만나 모두 공양하고 받들어 섬기며 그냥 지나친 적이 없었음을 기억한다.
만일 어떤 사람이 정법이 쇠퇴할 때 이 경을 잘 받고 지니고 읽고 외워서 얻은 공덕에 비하면, 내가 여러 부처님께 공양한 공덕은 백에 하나에도 미치지 못하고 천에 하나 만에 하나 억에 하나에도 미치지 못하며 더 나아가서 어떤 셈이나 비유로도 미치지 못한다.

아승기와 나유타는 대수大數를 나타내는 용어들로, 아승기는 수로 셈할 수 없는 무수히 많은 것을 나타내는 말이고 나유타는 천만억 정도의 수라는 뜻이다. 무량 아승기겁 동안에 팔백 사천 만억 나유타 부처님을 섬긴 것보다 경을 수지 독송하는 게 낫다는 것이다. 여기서 중요한 의미가 발견된다. 그것은 종교가 가지고 있는 의례적인 형식이 필요하기는 하나 진리의 내용을 체험 실천하지 못하면 그 종교의 생명은 죽는다는 것이다. 결국 믿는다는 의례적인 형식보다는 진리를 깨달아야 부처님의 세계에 도달할 수 있기에 부처님을 섬기는 의례적인 형식보다 깨달음의 진리를 체험 실천하는 일이 중요하다는 것이다. 불교의 참뜻이 여기에 있다.

수보리여! 선남자 선여인이 정법이 쇠퇴할 때 이 경을 받고 지니고 읽고 외워서 얻는 공덕을 내가 자세히 말한다면, 아마도 이 말을 듣는 이는 마음이 어지러워서 의심하고 믿지 않을 것이다. 수보리여! 이 경은 뜻이 불가사의하며 그 과보도 불가사의함을 알아야 한다."

인간은 누구나 업보業報를 짊어지고 산다. 업보란 선악의 업인에 의해서 받는 과보로, 인과관계에서 선인선과善因善果와 악인악과惡因惡果의 일치성이 있는 것을 말한다. 선세의 죄업이란 지나간 세상에서 지은 악업을 말한다. 과거의 나쁜 업인이 남아 있다면 그 과보가 때가 되면 온다는 것이다. 마치 병에 걸려도 약을 쓰면 나을 수 있는 것처럼 과거에 지은 악업을 현재에 선업을 지음으로써 상쇄한다는 것이다. 또 지은 업을 참회를 통하여 소멸할 수 있는 길도 있다고 한다.

전화위복이라는 말이 바로 여기에서 나온 것이다. 이 말은 바꾸어 말하면 복을 맞이하기 위해서 화를 당할 수도 있다는 뜻이 된다. 세속에서 흔히 하는 액땜이라는 말처럼, 조그마한 손해가 큰 재앙을 막아주기 위해 발생했다는 것이다.

달마 스님의『사행론四行論』에 '보원행報怨行'이라는 말이 나온다. 내가 당한 불행이 전세에 내가 남에게 잘못하여 남이 내게 가진 원한을 갚은 것으로 생각하고 살라는 말이다. 사실 불행을 달게 감수하는 마음도 어차피 인생이 괴로움이라는 사실을 알고 볼 때 자연스럽게 받아들일 수 있는 것이다. 문제는 현재의 마음이 어떠한가가 중요하다. 보리심이 발해지면 내가 겪는 시련은 보살행을 실천하는 수행이라는 것이다. '생각생각이 보리심이면 곳곳이 안락한 부처님 나라다 [念念菩提心 處處安樂國]' 하였다.

※ 업에 따르는 과보

업에 따른 과보가 있다는 것이 업 이론의 주된 내용임은 교리 입문 과정에서 누구나 배운다. 이른바 인과의 교리가 업 이론에 의해서 설명되는 것이다. 원인이 좋으면 결과가 좋고, 원인이 나쁘면 결과가 나쁘다는 인因과 과果의 일치성이 틀림없이 나타난다는 게 인과법因果法이다.

그런데 실제 현실에 있어서 오랜 세월을 착하게 살아온 사람이 불행한 일을 당하거나 나쁜 짓을 많이 하고도 아무런 벌을 받지 않고 승승장구하는 사람들이 있다. 이럴 경우, 혹 사람들은 인과를 믿지 않게 되어 선악은 인과적으로 일치하지 않는 것이라고 말하는 수가 있다. 가령, 어떤 사람이 금생에 선한 일을 많이 하였는데도 그 과보가 금생에 오지 않고, 반대로 악한 일을 수없이 하였는데도 그 과보가 금생에 오지 않을 때 인과는 믿을 수 없다고 부정한다.

『금강경간정기』에 『불명경不明經』의 말을 인용하여 업의 과보에 나타나는 3가지 유형의 인과를 설명하고 있다.

"선을 행하는 자는 하는 일마다 불우한데, 악을 행하는 자는 도리어 좋은 일을 만난다. 이럴 때 세상의 어리석은 사람들은 이런 사실을 두고 선악은 구분할 수 없는 것이라고 말한다. 그러므로 내가 경에서 세 가지 과보가 있음을 설한다" 하였다.

일반적으로 업을 선악으로 구분하여 말하고 선도 악도 아닌 것을 무기라 한다. 그래서 선업善業, 악업惡業, 무기업無記業이라 부르며, 또 욕계의 선업을 복업, 욕계의 악업을 비복업非福業, 그리고 색계와 무색계에서 닦는 선정을 부동업不動業이라 부르기도 한다.

업을 지어놓고 그 과보를 언제 받느냐 하는 것은 주로 선업 악업을 두고 하는 이야기이다. 금생에 선악을 지어 금생에 고락을 받는 것을 순현보順現報라 하고, 금생에 지은 선악의 과보를 다음 생, 곧 내생에 받는 것을 순생보順生報라 한다.

그러나 금생의 선악의 업이 그 과보를 가져오는 때가 내생 뒤의 다음 생, 곧 제3생부터 백천 생에 이르기까지 중간의 정해지지 않은 아무 생에 가서 받는 과보가 있다 하여 이를 순후보順後報라 한다. 이 세 가지 과보를 삼세보三世報라 한다.

또 업이 지어졌을 때 과보를 받는 때와 어떤 과보를 받을 것인가가 미리 정해지고 정해지지 않는 경우가 있다 한다. 이를 정업定業, 부정업不定業이라 하는데, 이를테면 때는 정해졌으나 과보는 정해지지 않은 경우가 있고, 과보는 정해졌으나 때는 정해지지 않은 경우도 있으며 때와 과보 모두가 정해진 경우와 모두가 정해지지 않은 경우도 있다.

이와 같은 업과 과보의 관계는 인과관계이면서도 묘한 불가사의가 숨어 있다. 어째서 정해지기도 하고 정해지지 않기도 하는가 하는 점이 불가사의이기 때문이다.

그런가 하면 업이 무겁고 가벼운 경중이 있어 과보도 경중이 있는데, 무거운 업보를 초래할 업이 결과에 가서 가벼워지거나 소멸되는 경우도 있다고 한다. 예를 들면 이미 설명한 바와 같이 선세의 죄업으로 악도에 떨어지게 될 과보를 받을 사람이 『금강경』을 수지 독송한

16장 업장을 맑히는 공덕

덕택에 악도에 떨어질 과보를 모면하고 남으로부터 업신여김을 당하는 가벼운 과보를 받게 되는 경우에 바로 무거운 죄업이 가볍게 줄어들고 소멸되는 이치이다. 여기에서 참회의 의미가 나온다.

다시 말해 내가 가지고 있는 선세의 죄업을 선을 짓거나 복을 닦음으로써 가볍게 줄여가며 소멸시키는 업장참회가 나 스스로의 수행에 의해서 이루어진다는 것이다.

17장

궁극의 가르침, 무아

十七. 究竟無我分
구경무아분

爾時 須菩提白佛言 世尊 善男子善女人 發阿耨多
羅三藐三菩提心 云何應住 云何降伏其心 佛告須
菩提 善男子善女人 發阿耨多羅三藐三菩提者 當生
如是心 我應滅度一切衆生 滅度一切衆生已 而無
有一衆生實滅度者 何以故 須菩提 若菩薩 有我相
人相衆生相壽者相 則非菩薩 所以者何 須菩提 實
無有法 發阿耨多羅三藐三菩提者 須菩提 於意云
何 如來於然燈佛所 有法得阿耨多羅三藐三菩提不
不也世尊 如我解佛所說義 佛於然燈佛所 無有法
得阿耨多羅三藐三菩提 佛言 如是如是 須菩提 實
無有法如來得阿耨多羅三藐三菩提 須菩提 若有法
如來得阿耨多羅三藐三菩提者 然燈佛 則不與我受
記 汝於來世 當得作佛 號釋迦牟尼 以實無有法得
阿耨多羅三藐三菩提 是故 然燈佛 與我受記 作是
言 汝於來世 當得作佛 號釋迦牟尼 何以故 如來者
卽諸法如義 若有人言 如來得阿耨多羅三藐三菩提

須菩提 實無有法佛得阿耨多羅三藐三菩提 須菩提
如來所得阿耨多羅三藐三菩提 於是中 無實無虛 是
故 如來說 一切法 皆是佛法 須菩提 所言一切法者
卽非一切法 是故 名一切法 須菩提 譬如人身長大
須菩提言 世尊 如來說人身長大 則爲非大身 是名
大身 須菩提 菩薩亦如是 若作是言 我當滅度 無量
衆生 則不名菩薩 何以故 須菩提 實無有法名爲菩
薩 是故 佛說一切法 無我無人無衆生無壽者 須菩
提 若菩薩作是言 我當莊嚴佛土 是不名菩薩 何以
故 如來說莊嚴佛土者 卽非莊嚴 是名莊嚴 須菩提
若菩薩 通達無我法者 如來說名眞是菩薩

그때 수보리가 부처님께 여쭈었습니다.
"세존이시여! 가장 높고 바른 깨달음을 얻고자 하는 선남자 선여인은 어떻게 살아야 하며 어떻게 그 마음을 다스려야 합니까?"
부처님께서 수보리에게 말씀하셨습니다.
"가장 높고 바른 깨달음을 얻고자 하는 선남자 선여인은 이러한 마음을 일으켜야 한다. '나는 일체 중생을 열반에 들게 하리라. 일체 중생을 열반에 들게 하였지만 실제로는 아무도 열반을 얻은 중생이 없다.'
왜냐하면 수보리여! 보살에게 자아가 있다는 관념, 개아가 있다는 관념, 중생이 있다는 관념, 영혼이 있다는 관념이 있다면 보살이 아니기 때문이다. 그것은 수보리여! 가장 높고 바른 깨달음에 나아가는 자라 할 법이 실제로 없는 까닭이다.
수보리여! 그대 생각은 어떠한가? 여래가 연등부처님 처소에서 얻은 가장 높고 바른 깨달음이라 할 법이 있었는가?"
"아닙니다, 세존이시여! 제가 부처님께서 말씀하신 뜻을 이해하기로는 부처님께서 연등부처님 처소에서 얻으신 가장 높고 바른 깨달음이라 할 법이 없습니다."
부처님께서 말씀하셨습니다.
"그렇다, 그렇다. 수보리여! 여래가 가장 높고 바른 깨달음을 얻은 법이 실제로 없다. 수보리여! 여래가 가장 높고 바른 깨달음을 얻은 법이 있었다면 연등부처님께서 내게 '그대는 내세에 석가모니라는 이름의 부처가 될 것이다.'라고 수기하지 않았을 것이다. 가장 높고 바른 깨달음을 얻은 법이 실제로 없었으므로 연등부처님께서 내게 '그대는 내세에는 반드시 석가모니라는 이름의 부처가 될 것이다.'라고 수기하셨던 것이다. 왜냐하면 여래는 모든 존재의 진실한 모습을 의미하기 때문이다.
어떤 사람이 여래가 가장 높고 바른 깨달음을 얻었다고 말한다면, 수보리여! 여래가 가장 높고 바른 깨달음을 얻은 법이 실제로 없다. 수보리여! 여래가 얻은 가장 높고 바른 깨달음에는 진실도 없고 거짓도 없다. 그러므로 여래는 '일체법이 모두 불법이다.'라고 설한다.
수보리여! 일체법이라 말한 것은 일체법이 아닌 까닭에 일체법이라 말한다. 수보리여! 예컨대 사람의 몸이 매우 큰 것과 같다."
수보리가 말하였습니다.
"세존이시여! 여래께서 사람의 몸이 매우 크다는 것은 큰 몸이 아니라고 설하셨으므로 큰 몸이라 말씀하셨습니다."
"수보리여! 보살도 역시 그러하다. '나는 반드시 한량없는 중생을 제도하리라.' 말한다면 보살이라 할 수 없다. 왜냐하면 수보리여! 보살이라 할 만한 법이 실제로 없기 때문이다. 그러므로 여래는 모든 법에 자아도 없고, 개아도 없고, 중생도 없고, 영혼도 없다고 설한 것이다.
수보리여! 보살이 '나는 반드시 불국토를 장엄하리라.' 말한다면 이는 보살이라 할 수 없다. 왜냐하면 여래는 불국토를 장엄한다는 것은 장엄하는 것이 아니라고 설하였으므로 장엄한다고 말하기 때문이다.
수보리여! 보살이 무아의 법에 통달한다면 여래는 이런 이를 진정한 보살이라 부른다."

그때 수보리가 부처님께 여쭈었습니다.
"세존이시여! 가장 높고 바른 깨달음을 얻고자 하는 선남자 선여인은 어떻게 살아야 하며 어떻게 그 마음을 다스려야 합니까?"

『금강경』에서 말하는 궁극적인 진리의 세계는 공의 세계이다. 공의 세계는 어느 것도 존재의 실체가 없는 무아無我의 세계라 한다. 물론 이 무아도 주관 쪽과 객관 쪽에서 보는 관점에 따라 인무아人無我와 법무아法無我로 나뉜다. 철저히 상(相: 관념의 고집)을 부정해 온 경의 설법도 이 대목에 와서 끝까지 '나'가 없다는 무아의 이치를 설파하고 있다. 앞의 여러 대목에서 누누이 강조된 말이 자아가 있다는 관념, 개아가 있다는 관념, 중생이 있다는 관념, 영혼이 있다는 관념이 없어야 한다는 것이었다. 이것을 더 간단히 말하면 '나'가 없다는 것이다. 특히 아누다라삼먁삼보리의 마음을 낸 사람은 사상四相을 항복시켜 '나'가 없는 사람이어야 한다.

그렇다면 '나'가 없는 입장에서 볼 때 수행의 주체가 누구냐 하는 의문이 제기된다. 다시 말해 '어떻게 하고 있어야 하느냐?'와 '어떻게 그 마음을 다스려야 하느냐?'의 질문에서 '어떻게 하고 또 마음을 다스리는 누군가의 주체가 있지 않느냐?'는 것이다.

부처님께서 수보리에게 말씀하셨습니다.
"가장 높고 바른 깨달음을 얻고자 하는 선남자 선여인은 이러한 마음을 일으켜야 한다. '나는 일체중생을 열반에 들게 하리라. 일체중생을 열반에 들게 하였지만 실제로는 아무도 열반을 얻은 중생이 없다.'
왜냐하면 수보리여! 보살에게 자아가 있다는 관념, 개아가 있다는 관념, 중생이 있다는 관념, 영혼이 있다는 관념이 있다면 보살이 아니기 때문이다. 그것은 수보리여! 가장 높고 바른 깨달음에 나아가는 자라 할 법이 실제로 없는 까닭이다.

이에 대한 부처님의 말씀은 중생을 제도하여도 제도한다는 생각이 없는 것이 보리심의 마음이라 하였다. 따라서 진정한 보살은 이 아누다라삼먁삼보리의 마음을 낼 때에도 낸다는 생각이 없다 하였다. 주관과 객관의 상대적 분별을 벗어난 상태에서는 아예 아누다라삼먁삼보리라는 법도 없다는 것이다. 즉 마음을 내어도 낸 바가 없는 상태가 보리심의 경지라는 것이다. 이는 바꾸어 말하면 '나'가 없는 무아의 상태에서는 주관과 객관이 상응하는 분별이 없으므로 수행의 주체와 객체가 없다고 말하는 것이다. '나'가 없다면 누가 수행하느냐는 의문이 바로 분별에서 나오는 것이므로 내가 있는 유아有我의 상태에서는 내가 없는 무아의 경지를 헤아릴 수 없다는 말과 같다.

"수보리여! 그대 생각은 어떠한가? 여래가 연등부처님 처소에서 얻은 가장 높고 바른 깨달음이라 할 법이 있었는가?"
"아닙니다, 세존이시여! 제가 부처님께서 말씀하신 뜻을 이해하기로는 부처님께서 연등부처님 처소에서 얻으신 가장 높고 바른 깨달음이라 할 법이 없습니다."

또 앞의 제10장「장엄정토분」에서 한 질문이 다시 나오는데 연등부처님에게 아누다라삼먁삼보리의 법을 얻은 것이 있느냐고 묻고 수보리는 역시 없다고 대답한다. 이는 부처님의 과거 인행因行 시의 보살로 수행하던 예를 들어 말한 것인데 아누다라삼먁삼보리의 마음을 낼 법이 없다면 그 마음을 낼 사람이 없는 것이므로 결국 보살이 없다는 말이 된다.

부처님께서 말씀하셨습니다.
"그렇다, 그렇다. 수보리여! 여래가 가장 높고 바른 깨달음을 얻은 법이 실제로 없다. 수보리여! 여래가 가장 높고 바른 깨달음을 얻은 법이 있었다면 연등부처님께서 내게 '그대는 내세에 석가모니라는 이름의 부처가 될 것이다.'라고 수기하지 않았을 것이다. 가장 높고 바른 깨달음을 얻은 법이 실체로 없었으므로 연등부처님께서 내게 '그대는 내세에는 반드시 석가모니라는 이름의 부처가 될 것이다.'라고 수기하셨던 것이다. 왜냐하면 여래는 모든 존재의 진실한 모습을 의미하기 때문이다.

그런데 부처님은 과거 연등부처님 당시에 보살로 계시지 않았느냐는 것이다. 이 대목에서 설해진 부처님의 말씀을 살펴보면 연등부처님으로부터 수기를 받았다고 하지만 부처님 자신은 받은 바가 없다 하였다. 보살행을 하던 시절의 수행에서도 부처님은 일체의 상을 떠나 있었으므로 함이 없는 무위심無爲心이었다는 말이다. 따라서 부처님은 인행 시에도 일체의 관념의 고집이 없었다는 것을 넌지시 드러내었다.

연등부처님으로부터 수기를 받고 장차 석가모니부처님이 되리라는 말을 들었을 때 부처님은 아누다라삼먁삼보리를 얻은 것이 없었기 때문에 수기를 받게 되었다는 것이다. 이 말은 매우 의아스러울 수 있다. '아누다라삼먁삼보리를 얻어야 부처가 되는 것인데 얻은 바가 없이 어떻게 부처가 될 수 있느냐?'는 의문이 다시 제기되는 지점이다. 이 의문에 대해 설명해준 말이 '여래는 모든 존재의 진실한 모습을 의미한다'는 '법이 여여하다'이다. '여여하다'는 말은 진여 본체의 모습을 형용한 말로 얻었다 얻지 못했다, 있다 없다로 판단할 수 없는 사고의 인식 영역을 넘어서 있는 것을 말한다. 이것을 인격화시켜 부처라고 하지만 본 당체인 진여는 수행의 실천 과정에서 얻거나 얻지 못하는 것과 관계없이 주객主客과 시공時空을 초월하여 항상하다는 뜻이다.

어떤 사람이 여래가 가장 높고 바른 깨달음을 얻었다고 말한다면, 수보리여! 여래가 가장 높고 바른 깨달음을 얻은 법이 실제로 없다. 수보리여! 여래가 얻은 가장 높고 바른 깨달음에는 진실도 없고 거짓도 없다. 그러므로 여래는 '일체법이 모두 불법이다.'라고 설한다.

수보리여! 일체법이라 말한 것은 일체법이 아닌 까닭에 일체법이라 말한다.

또 사람들은 여래가 아누다라삼먁삼보리를 얻었다 하지만 실제로는 얻은 바가 없다 한 것은 관념의 분별이 없는 데서 보리가 얻어지기에 얻은 바가 없는 것이 곧 보리가 된다는 뜻이다. 이 보리는 허실이 없는 것으로, 분별심으로 있다거나 없다고 판단할 수 있는 성질의 대상이 아니므로 있다 없다의 판단이 일어나면 집착이 되고 만다는 것이다. 집착을 떠나 있다 없다를 초월하고 보면 모든 것이 불법이라 하였다.

분별에 의해 판단되어지는 좋거나 나쁜 모든 것은 기실 관념의 고집일 뿐 집착을 여의고 보면 모두가 진여라는 것이다. 여기서도 또한 모든 법이 모든 법이 아니므로 모든 법이라는 상식을 뛰어넘는 역설의 논리가 다시 설해진다.

수보리여! 예컨대 사람의 몸이 매우 큰 것과 같다."

수보리가 말하였습니다.

"세존이시여! 여래께서 사람의 몸이 매우 크다는 것은 큰 몸이 아니라고 설하셨으므로 큰 몸이라 말씀하셨습니다."

그리고 몸집이 매우 큰 것과 같다는 비유를 들었는데 몸집은 부처님의 본체인 진여를 상징하는 말로 현상으로 나타나는 감각적인 모습을 실상으로 보려면 모습에 끌려가는 집착을 벗어나야 되기 때문에 모습은 모습이 아닌 한낱 이름에 불과하다는 것이다.

속제俗諦의 현상으로 보면 몸집이라 할 수 있지만 진제眞諦의 이치로 보면 몸집이 몸집이 아닌 텅 빈 아무것도 아닌 것이기 때문이다.

"수보리여! 보살도 역시 그러하다. '나는 반드시 한량없는 중생을 제도하리라.' 말한다면 보살이라 할 수 없다. 왜냐하면 수보리여! 보살이라 할 만한 법이 실제로 없기 때문이다. 그러므로 여래는 모든 법에 자아도 없고, 개아도 없고, 중생도 없고, 영혼도 없다고 설한 것이다.

보살들의 수행의 경우에 있어서도 마찬가지로 중생들을 제도하면서 제도한다는 생각을 가지면 보살이 아니라 했다. 이는 보살의 수행에는 관념의 고집인 상이 있을 수 없다는 뜻이지만 앞에서 설한 논리로 적용해 보면 제도가 또한 제도가 아닌 것이다.

수보리여! 보살이 '나는 반드시 불국토를 장엄하리라.' 말한다면 이는 보살이라 할 수 없다. 왜냐하면 여래는 불국토를 장엄한다는 것은 장엄하는 것이 아니라고 설하였으므로 장엄한다고 말하기 때문이다.

보살은 관념적인 생각이 없어진 사람이다. 다시 말해 의식적인 생각을 앞세우는 일이 없다. 그러므로 무엇이든 함이 없는 마음 곧 무위심無爲心으로 한다. '나'가 없는 무아법의 이치에서 보면 보살이라 할 법도 없는 것이다. 중생을 제도해도 제도한 중생이 없는 것과 마찬가지로 불국토를 장엄해도 불국토를 장엄하는 일이 없는 것이다. 주객이 나누어진 '나'와 '너'의 상대적인 관계에서 장엄이 이루어지는 것이 아니고 '나'와 '너'가 없는 평등한 둘이 아닌 장엄이라야 진실한 장엄이라는 뜻이다.

여기서 불국토를 장엄한다는 말은 보살행을 실천하는 것을 의미하는 말이다. 앞에서 보리의 법을 얻을 수가 없다는 말을 듣고 그렇다면 누가 보살행을 하려 하겠는가 하는 의문에 대해 보리를 얻을 수 없을 뿐만 아니라 불국토를 장엄하는 보살마저 없다는 뜻을 이 대목에서 설해 놓은 것이다.

수보리여! 보살이 무아의 법에 통달한다면 여래는 이런 이를 진정한 보살이라 부른다.

일체의 관념적 생각이 떠나가면 '나'라는 자의식도 없다. 내가 없는 무아의 법을 통달해야만 진정한 보살이 된다는 말로 이 대목의 결론을 내리고 있다.

✤ 공의 철학적 의미

불교의 가장 특색 있는 교설이 무아설이다. 글자대로 해석하자면 '나'가 없다는 이 말은 불교 특유의 이론으로 다른 종교사상에서는 거의 등장하지 않는 이론이다. 원래 바라문교의 아트만Ātman을 부정하는 말로 쓰이기도 했다. 따라서 내가 아닌 것을 나라고 집착해서는 안 된다는 것이다.

이 무아의 이론이 『금강경』에서는 무상법문으로 설해지는데 이를 '공사상空思想'으로 대체시켜 말하기도 한다. 『반야심경』에 나오는 '오온개공五蘊皆空'이라는 말에 들어 있는 공이 바로 반야부 경전의 핵심 대의를 담고 있는 말이다.

원래 공은 범어 순야Śūnya를 번역한 것으로 고유한 실체가 없다는 뜻이다. 이 세상 모든 것은 인연으로 생겨난다. 인연에 의하여 생겨나는 현상 안에는 어느 것도 고정적인 실체가 없다. 그러므로 모든 존재하는 것에는 자아의 실체를 인정할 수 없다는 것이다.

무아설에서 달리 표출된 이 공이 그러나 존재 자체를 부정하는 비존재의 뜻으로 이해되는 것은 아니다. 다만 존재의 상황 자체는 연기緣起된 상황이지만 그 상황이 고정불변이 될 수 없으므로 어떤 상황도 절대 독립성이 있을 수 없다는 말이다.

처음에 무아를 설명할 때에는 인무아와 법무아로 구분하여 주관적 상황의 절대성을 부정하고 객관적 상황의 절대성을 부정하였다. 나중에 이 말들이 아공我空과 법공法空으로 설명되어 주객의 양쪽을 공으로 보는 공관空觀이 등장하게 되었다.

천지만상이 거울에 비친 영상과 같기에 있는 그대로가 모두 공한 것이다. 이렇게 공으로 볼 줄 알아야 반야, 곧 지혜를 터득할 수 있다. 그리하여 공관은 반야를 얻는 통과 과정이 된다. 『금강경』 경문 속에 공이라는 글자는 등장하지 않지만 전문에 걸쳐 공의 이치를 배경으로 설법이 이루어진다. 더 이상 '나'가 없다는 제17장 「구경무아분」에서 부처님은 '나'가 없는 법을 통달한 사람이라야 진정한 보살이라 하였다.

철저히 상[觀念의 固執]을 타파하는 법문인 『금강경』은 수행도 '나'가 없는 수행이라야 한다는 것이다. 다시 말해 누군가 수행을 한다면 수행하는 사람 곧 수행의 주체가 있는 법인데, 상을 여의지 못하면 참된 수행이 아니라 하였다.

아누다라삼먁삼보리의 마음을 낼 때에도 아누다라삼먁삼보리의 마음을 낸다는 생각이 없어야만 아누다라삼먁삼보리의 마음을 내는 것이라 하였다. 주관과 객관의 상대적 분별을 벗어난 분상에서는 아예 아누다라삼먁삼보리라는 것도 없다는 말이다.

중국의 방 거사도 이런 게송을 남겼다.

但願空諸所有　단원공제소유
切勿實諸所無　절물실제소무

다만 모든 있는 현상을 공으로 보라
간절히 없는 것을 실체로 여기지 마라

공을 관하는 두 가지 관점이 있다. 이를 석공析空과 체공体空이라 한다. 석공은 연기緣起에 의한 현상이 일어나도 단적인 실체가 없는 것이다. 예를 들면 돋보기에 햇빛을 받아 초점을 맞추고 마른 쑥을 갖다 대면 불꽃이 일어나지만 이 불이 단적으로 온 곳이 없다는 것이다. 이 이야기는 『능엄경』에 나온다.

체공은 직관적인 공의 관찰이다. 사람이 보는 어떤 물체의 모양이나 색깔이 사람 아닌 짐승의 눈에는 결코 사람의 눈에 보이는 것처럼 보이지 않는다. 눈에 따라 모양이 달라진다면 물체가 가지는 결정된 상이 없는 것이다. 이렇게 사물 자체를 그대로 공으로 볼 때 이를 체공이라 한다.

18장

분별없이 관찰함

十八. 一體同觀分

須菩提 於意云何 如來有肉眼不 如是世尊 如來有肉眼 須菩提 於意云何 如來有天眼不 如是世尊 如來有天眼 須菩提 於意云何 如來有慧眼不 如是世尊 如來有慧眼 須菩提 於意云何 如來有法眼不 如是世尊 如來有法眼 須菩提 於意云何 如來有佛眼不 如是世尊 如來有佛眼 須菩提 於意云何 如恒河中所有沙 佛說是沙不 如是世尊 如來說是沙 須菩提 於意云何 如一恒河中所有沙 有如是等恒河 是諸恒河所有沙數佛世界 如是寧爲多不 甚多世尊 佛告須菩提 爾所國土中 所有衆生 若干種心 如來悉知 何以故 如來說諸心 皆爲非心 是名爲心 所以者何 須菩提 過去心不可得 現在心不可得 未來心不可得

"수보리여! 그대 생각은 어떠한가? 여래에게 육안이 있는가?"
"그렇습니다, 세존이시여! 여래에게는 육안이 있습니다."
"수보리여! 그대 생각은 어떠한가? 여래에게 천안이 있는가?"
"그렇습니다, 세존이시여! 여래에게는 천안이 있습니다."
"수보리여! 그대 생각은 어떠한가? 여래에게 혜안이 있는가?"
"그렇습니다, 세존이시여! 여래에게는 혜안이 있습니다."
"수보리여! 그대 생각은 어떠한가? 여래에게 법안이 있는가?"
"그렇습니다, 세존이시여! 여래에게는 법안이 있습니다."
"수보리여! 그대 생각은 어떠한가? 여래에게 불안이 있는가?"
"그렇습니다, 세존이시여! 여래에게는 불안이 있습니다."
"수보리여! 그대 생각은 어떠한가? 여래는 항하의 모래에 대해서 설하였는가?"
"그렇습니다, 세존이시여! 여래는 이 모래에 대해 설하셨습니다."
"수보리여! 그대 생각은 어떠한가? 한 항하의 모래와 같이 이런 모래만큼의 항하가 있고 이 여러 항하의 모래 수만큼 부처님 세계가 그만큼 있다면 진정 많다고 하겠는가?"
"매우 많습니다, 세존이시여!"
부처님께서 수보리에게 말씀하셨습니다.
"그 국토에 있는 중생의 여러 가지 마음을 여래는 다 안다. 왜냐하면 여래는 여러 가지 마음이 모두 다 마음이 아니라 설하였으므로 마음이라 말하기 때문이다. 그것은 수보리여! 과거의 마음도 얻을 수 없고 현재의 마음도 얻을 수 없고 미래의 마음도 얻을 수 없는 까닭이다."

"수보리여! 그대 생각은 어떠한가? 여래에게 육안이 있는가?"
"그렇습니다, 세존이시여! 여래에게는 육안이 있습니다."
"수보리여! 그대 생각은 어떠한가? 여래에게 천안이 있는가?"
"그렇습니다, 세존이시여! 여래에게는 천안이 있습니다."
"수보리여! 그대 생각은 어떠한가? 여래에게 혜안이 있는가?"
"그렇습니다, 세존이시여! 여래에게는 혜안이 있습니다."
"수보리여! 그대 생각은 어떠한가? 여래에게 법안이 있는가?"
"그렇습니다, 세존이시여! 여래에게는 법안이 있습니다."
"수보리여! 그대 생각은 어떠한가? 여래에게 불안이 있는가?"
"그렇습니다, 세존이시여! 여래에게는 불안이 있습니다."

앞장에서 중생을 제도해도 제도함이 없으며 불국토를 장엄해도 장엄함이 없다 하여 주관과 객관의 상대가 끊어져 너와 나의 차별이 없다는 뜻을 밝혔다. 그렇다면 부처님도 법을 볼 수 없다는 말이 되며 만약 법을 보지 못한다면 지혜의 눈이 없는 것이 아니냐는 의문을 가질까 봐 이 장에서는 먼저 다섯 가지 눈을 말하면서 있느냐 없느냐를 묻는다.

육안肉眼은 육체에 있는 시각을 일으키는 눈이며, 천안天眼은 초인적인 신통의 눈으로 막힌 곳이나 먼 곳을 꿰뚫어 보는 눈이다. 혜안慧眼은 근본지根本智를 얻은 눈으로 진리의 본체를 분명히 아는 지혜이다. 법안法眼은 후득지後得智를 얻은 눈으로 중생 교화에 능숙한 방편을 통달한 눈을 말한다. 불안佛眼은 불성이 완전히 드러난 부처님의 눈으로 구경究竟이 완성된 지혜의 눈이다. 이 다섯 가지의 눈을 가지고 있는 부처님이지만 부처님이 보는 것은 사물의 개체적인 분별보다 모든 법이 실체가 없는 공한 이치를 보아 실상의 진여를 바로 보는 것이다. 이미 사구게에서 밝혔듯이 상을 상으로 보지 않을 때 다시 말해 법을 법으로 보지 않을 때 비로소 법을 바로 보는 정견正見이 나온다.

❀ 부처님의 눈

잘 알려진 설화지만 조선왕조의 태조 이성계李成桂와 무학無學 대사 사이에 있었다는 고사다.

어느 날 두 사람이 도봉산에 올라 함께 산행을 하다 이태조가 농담을 걸면서 이런 대화를 나누었다.

"대사님 얼굴은 돼지처럼 못생겨서 출가하지 않고 속세에 살았다면 장가들기 어려웠을 것 같습니다."

이 말에 무학 대사가 답했다.

"예, 그렇습니까? 그런데 임금님 얼굴은 언제 보아도 부처님 얼굴

같습니다."

대사의 점잖은 말에 미안해진 태조가 "나는 스님을 돼지에 비유했는데 스님은 왜 나를 부처에 비유합니까?" 하였다.

이때 무학 대사가 한 말이 걸작이었다.

"자기 마음이 돼지 같은 사람은 남의 얼굴이 돼지처럼 보이고, 자기 마음이 부처님 같은 사람은 남의 얼굴이 부처님처럼 보이는 법이지요."

농담을 되받아 큰 법문을 설해준 이야기다.

『대승기신론』에서는 '모든 분별은 자기 마음의 분별이다(一切分別 分別自心)' 하였다. 객관적 사물의 형상도 사실은 사람 마음에 어떻게 투영되느냐 하는 심리적 상황에 따라 느낌의 차이가 생기는 것이다. 상을 떠날 것을 누누이 강조하는 『금강경』 법문은 주관과 객관의 상대가 끊어지면 마음 쓰는 상태가 무위가 되어 중생을 제도해도 제도한 바가 없고 불국토를 장엄해도 장엄한 바가 없다는 것이다.

"수보리여! 그대 생각은 어떠한가? 여래는 항하의 모래에 대해서 설하였는가?"

"그렇습니다, 세존이시여! 여래는 이 모래에 대해 설하셨습니다."

"수보리여! 그대 생각은 어떠한가? 한 항하의 모래와 같이 이런 모래만큼의 항하가 있고 이 여러 항하의 모래 수만큼 부처님 세계가 그만큼 있다면 진정 많다고 하겠는가?"

"매우 많습니다, 세존이시여!"

부처님께서 수보리에게 말씀하셨습니다.

"그 국토에 있는 중생의 여러 가지 마음을 여래는 다 안다. 왜냐하면 여래는 여러 가지 마음이 모두 다 마음이 아니라 설하였으므로 마음이라 말하기 때문이다. 그것은 수보리여! 과거의 마음도 얻을 수 없고 현재의 마음도 얻을 수 없고 미래의 마음도 얻을 수 없는 까닭이다."

다음으로 갠지스 강의 모래 수를 제곱한 만큼의 불세계 중생들의 갖가지 마음을 전부 안다 하였는데, 이는 부처님의 지혜는 전일적全一的인 평등성의 지혜이므로 지식의 차원에서 아는 망념의 분별 경계가 아님을 말하는 것이다. 마음이 마음이 아니라 이름이 마음이기 때문에 중생들의 마음을 전부 안다는 것은 능지能知 소지所知의 마음이 모두 실체가 없어 그 정체가 파악되지 않으며, 안다는 것이 인식의 대상을 찾아가는 게 아님을 말한다. 과거심, 현재심, 미래심을 찾을 수 없다는 말도, 시간에 따라 존재하는 게 아닌 마음 본체의 절대성은 모든 존재를 초월하여 그저 형식적인 이름으로 명사화名詞化될 뿐 역시 실체가 공하다는 것이다. 이렇게 실체 없는 공한 분상分上에서는 모든 것은 하나로 회통會通되므로 차별된 분별의 경계가 사라져 일체 차별이 없다는 것이다.

❋ 『금강경』을 해석한 「청룡소」를 불태운 덕산 선사의 일화

덕산선감(德山宣鑑, 782~865) 선사는 어려서 출가하여 율장을 깊이 공부하고 또 『금강경』에 정통하여 『금강경』 강설을 잘하였다. 속성俗

姓이 주周씨였기 때문에 사람들이 그를 주금강이라고 불렀다. 『금강경』에 대한 소疏를 지었는데 「청룡소靑龍疎」라 하였다.

어느 날 덕산이 자기가 지은 이 소를 걸망에 넣어 길을 가고 있었다. 도중에 시장기를 느낀 스님은 마침 길가에 떡을 파는 노파를 만났다. "요기하게 떡 좀 주시오." 노파에게 말했더니 노파가 얼른 떡을 주지 않고 "스님 걸망에 무엇이 들어 있습니까?" 하고 묻는 것이었다. "아, 불경 가운데 『금강경』이라는 경이 들어 있소." 이렇게 말하자 "『금강경』에 과거의 마음도 찾지 못하고 현재의 마음도 찾지 못하고 미래의 마음도 찾지 못한다 하였는데 스님은 어느 마음에 요기를 할 것입니까?" 하는 것이었다. 요기하는 것을 한자로 점심點心이라 한다. 훈을 따라 해석하면 마음에 점을 찍는다는 뜻이다.

이 말에 주금강이 그만 대답을 못하고 말문이 막혀버렸다. 천하에 『금강경』에 대해서 누구보다도 자신이 제일인 양 뽐내왔던 주금강 덕산이 그만 노파의 질문에 말을 못하자 노파가 혀를 차면서 용담숭신 龍潭崇信 선사를 소개하며 찾아가 볼 것을 권했다. 그리하여 덕산은 용담 스님을 찾아갔다.

용담을 찾아간 덕산은 절 안으로 들어가자마자 호탕한 객기를 부렸다. "용담이라 하더니 용도 없고 못도 없구나." 그러자 한쪽에서 스님이 나오며 "그대가 용담에 참으로 잘 왔네" 하는 것이었다. 덕산은 용담의 방에서 밤이 깊도록 법담을 나눴다. 밤이 이슥하여 덕산이 이야기를 마치고 방을 나와 객실에 가 자려 하였다. 막 방문을 나왔을 때 칠흑 같은 어둠 때문에 신발을 찾아 신을 수가 없어서 불붙이는 종이에 불을 붙여 주기를 청했다. 용담이 불을 붙여 덕산에게 건네주려

하다 덕산이 받으려는 순간 확 불어 불을 꺼버렸다. 그 순간 덕산이 활연대오하였다. 이튿날 덕산은 자기가 지은 「청룡소」를 법당 앞에서 불을 붙여 태워버렸다.

 덕산의 오도기연에 대해 전해지는 이야기이다.

19장 복덕 아닌 복덕

十九. 法界通化分
법계통화분

須菩提 於意云何 若有人 滿三千大千世界七寶 以
수보리 어의운하 약유인 만삼천대천세계칠보 이
用布施 是人 以是因緣 得福多不 如是世尊 此人 以
용보시 시인 이시인연 득복다부 여시세존 차인 이
是因緣 得福甚多 須菩提 若福德有實 如來不說得
시인연 득복심다 수보리 약복덕유실 여래불설득
福德多 以福德無故 如來說得福德多
복덕다 이복덕무고 여래설득복덕다

"수보리여! 그대 생각은 어떠한가? 어떤 사람이 삼천대천세계에 칠보를 가득 채워 보시한다면 이 사람이 이러한 인연으로 많은 복덕을 얻겠는가?"
"그렇습니다, 세존이시여! 그 사람이 이러한 인연으로 매우 많은 복덕을 얻을 것입니다."
"수보리여! 복덕이 실로 있는 것이라면 여래는 많은 복덕을 얻는다고 말하지 않았을 것이다. 복덕이 없기 때문에 여래는 많은 복덕을 얻는다고 말한 것이다."

"수보리여! 그대 생각은 어떠한가? 어떤 사람이 삼천대천세계에 칠보를 가득 채워 보시한다면 이 사람이 이러한 인연으로 많은 복덕을 얻겠는가?"

"그렇습니다, 세존이시여! 그 사람이 이러한 인연으로 매우 많은 복덕을 얻을 것입니다."

"수보리여! 복덕이 실로 있는 것이라면 여래는 많은 복덕을 얻는다고 말하지 않았을 것이다. 복덕이 없기 때문에 여래는 많은 복덕을 얻는다고 말한 것이다."

앞장에서 마음이 마음이 아니라 한 데 대해 '마음이 마음이 아니라면 마음에 의해 닦는 복덕은 어찌 되는가? 복덕이 좋은 것이라고 닦을 필요는 어디 있을까?' 하는 의문 제기를 전제하여 이 장에 와서 복덕마저도 실체가 없는 것임을 밝혀 놓는다.

삼천대천세계 곧 온 우주에 꽉 차 있는 일곱 가지 보배를 보시한 복덕이 많은 이유는 복덕이 실체가 없기 때문이다.

『금강경』은 공종空宗의 법문으로 무를 설했다고 말하기도 한다. 없다는 뜻으로 설해진 법문을 '공종법문'이라 한다. 『반야심경』에는 '무無'자가 스물한 번이나 나오는데 이는 금강경의 취지와 같다. 『화엄경』에서는 무자성無自性을 설했는데 이 또한 공과 같은 뜻이다.

우리가 어떤 사물에 대한 견해를 가질 때, 가령 '얼음은 찬 것이고 불은 뜨겁다' 할 때 이는 객관적인 사물을 인식하는 우리들의 분별일 뿐 얼음 자체에서 보면 찬 것이 아니고 불 자체에서 보면 뜨겁지 않다는 것이다. 차고 뜨겁다는 기준은 망념의 분별에서 나오는 것이지 얼음이나 불 자체에서는 차거나 뜨겁다는 기준이 없다.

이 이치에 돌아가면 무위無爲의 세계가 된다. 무위의 세계는 있고 없음의 상대적 판단이 중지된 곳으로, 이 법에 의하여 법계의 모든 중생이 교화되므로 한문 원문에서는 「법계통화분法界通化分」이라 하였다.

❁ 기생의 유혹을 물리친 태전 선사

당나라 때 태전(太顚, 732~824) 선사와 한퇴지 사이에 있었던 일화다. 한퇴지가 조주潮州라는 고을의 태수太守로 좌천되어 있을 때 축융봉鷲融峯이란 산봉우리 아래 바위굴에 도인이 숨어 산다는 소문을 들었다. 평소에 불교에 대해 비우호적인 배불사상에 젖어 있던 한퇴지가 이 도인이 정말 세속의 색을 초월해 있는지 시험하기 위해 홍련紅蓮이란 관기官妓를 시켜 스님을 찾아가 유혹해 파계를 하도록 했다. 태수의 명을 받고 태전 선사를 찾아간 홍련은 온갖 아양을 부리며 선사의 마음을 어지럽게 했으나 선사는 추호도 동요됨이 없었다. 유혹에 실패한 홍련이 자기가 선사를 시험하고자 태수의 명을 받고 왔다는 자초지종을 이야기했다. 이에 선사가 홍련의 속치마에 시를 한 수 적어 태수에게 보이라 일렀다.

  十年不下鷲融峰 십년불하축융봉
  觀色觀空卽色空 관색관공즉색공
  如何曹溪一適水 여하조계일적수
  肯墮紅蓮一葉中 긍타홍련일엽중

  십 년을 축융봉을 내려가지 않고
  색을 관하고 공을 관하니 색이 곧 공이네
  어떻게 조계의 한 방울 물을
  붉은 연꽃 한 잎에 떨어뜨리랴

홍련으로부터 이 시를 전해 읽은 한퇴지가 비로소 자신의 무례함을 뉘우치고 불교에 새로운 인식을 갖게 되어 불교를 좋아하게 되었다고 한다.

모든 것은 비어 있다. 그리고 비어 있다는 것마저 비어 있는 것이다. 모든 것은 없다. 그리고 없다는 것마저 없는 것이다.

20장
모습과 특성의 초월

二十. 離色離相分
이색이상분

須菩提 於意云何 佛可以具足色身見不 不也世尊
수보리 어의운하 불가이구족색신견부 불야세존
如來不應以具足色身見 何以故 如來說具足色身 卽
여래불응이구족색신견 하이고 여래설구족색신 즉
非具足色身 是名具足色身 須菩提 於意云何 如來
비구족색신 시명구족색신 수보리 어의운하 여래
可以具足諸相見不 不也世尊 如來不應以具足諸相
가이구족제상견부 불야세존 여래불응이구족제상
見 何以故 如來說諸相具足 卽非具足 是名諸相具足
견 하이고 여래설제상구족 즉비구족 시명제상구족

"수보리여! 그대 생각은 어떠한가? 신체적 특징을 원만하게 갖추었다고 여래라고 볼 수 있겠는가?"
"아닙니다, 세존이시여! 신체적 특징을 원만하게 갖추었다고 여래라고 볼 수는 없습니다. 왜냐하면 여래께서는 원만한 신체를 갖춘다는 것은 원만한 신체를 갖춘 것이 아니라고 설하셨으므로 원만한 신체를 갖춘 것이라고 말씀하셨기 때문입니다."
"수보리여! 그대 생각은 어떠한가? 신체적 특징을 갖추었다고 여래라고 볼 수 있겠는가?"
"아닙니다, 세존이시여! 신체적 특징을 갖추었다고 여래라고 볼 수는 없습니다. 왜냐하면 여래께서는 신체적 특징을 갖춘다는 것이 신체적 특징을 갖춘 것이 아니라고 설하셨으므로 신체적 특징을 갖춘 것이라고 말씀하셨기 때문입니다."

"수보리여! 그대 생각은 어떠한가? 신체적 특징을 원만하게 갖추었다고 여래라고 볼 수 있겠는가?"

이 장에서는 부처님을 법신法身으로 보아야지 상호를 갖춘 색신色身으로 보는 것이 아님을 밝혀 놓는다. 앞의 제7장 「깨침과 설법이 없음」에서 '모든 성현聖賢들이 다 무위법 속에서 차이가 있는 까닭입니다'는 구절이 있었다. 무위란 유위의 조작이 없는 진여를 말하는 것으로 일체 가시감각적인 형상과 관념의 고집을 떠난 상태이다. '이 무위에 의해 나타난 부처님이라면 왜 육신에 갖추어진 서른두 가지 몸매의 특징과 팔십 가지의 더 자세한 특징을 가진 상호가 있는 몸을 부처라 하느냐?' 하는 의문을 없애주기 위하여 '여래를 몸매를 갖춘 몸으로 볼 수 있느냐?'고 물은 것이다.

20장 모습과 특성의 초월 219

"아닙니다, 세존이시여! 신체적 특징을 원만하게 갖추었다고 여래라고 볼 수는 없습니다. 왜냐하면 여래께서는 원만한 신체를 갖춘다는 것은 원만한 신체를 갖춘 것이 아니라고 설하셨으므로 원만한 신체를 갖춘 것이라고 말씀하셨기 때문입니다."

상호라는 것은 부처님의 신체상 특징이라 할 수 있는 몸의 각 부위의 모습으로, 보통 사람보다 빼어난 모습이 크게 나타나는 경우가 서른두 가지이고 작게 나타나는 경우가 팔십 가지에 이른다고 한다. 이는 부처님의 몸매가 빼어나다는 말로 이 몸매는 인체의 모습일 뿐 부처님을 판단하는 기준이 아니라는 뜻이다. 무엇으로 부처님을 보느냐고 할 때 마치 사람의 인격이 몸의 풍채에 있지 않듯 부처님은 인간의 몸매로 보는 것이 아닌, 즉 모양으로 볼 수 없는 것이라는 말이다.

모양으로 나타나는 현상과 모양을 떠나 있는 실상은 속제와 진제로 나누어 설명하지만, 속제를 속제에서 보면 있는 것이나 진제에서 보면 없는 것이다. 마치 꿈속에서 보이는 몽경이 꿈을 깬 후에는 없는 것과 같은 이치다. '몽리명명유육취夢裏明明有六趣 각후공공무대천覺後空空無大千'이라는 영가永嘉 스님의 증도가證道歌에 나오는 말처럼 꿈속에서는 분명히 여섯 갈래의 중생세계가 있었는데 깨닫고 난 뒤에는 공하고 공해져서 아무것도 없더라는 것이다.

"수보리여! 그대 생각은 어떠한가? 신체적 특징을 갖추었다고 여래라고 볼 수 있겠는가?"

'신체적 특징'은 부처님의 정수리가 볼록 솟아 상투 모양으로 되어 있는 정상육계상頂上肉髻相에서 발바닥이 평평한 족하안평상足下安平相에 이르기까지 서른두 가지의 특징만 들어 말한 것이고, 앞 대목의 '신체적 특징을 원만히 갖추었다'는 신체적 특징을 미세한 부위까지 나누어 말할 때의 팔십 종호種好까지 다 들어 말하는 것이다. 종호는 수형호隨形好라고도 하며 상은 대인상大人相이라 하기도 한다.

"아닙니다, 세존이시여! 신체적 특징을 갖추었다고 여래라고 볼 수는 없습니다. 왜냐하면 여래께서는 신체적 특징을 갖춘다는 것이 신체적 특징을 갖춘 것이 아니라고 설하셨으므로 신체적 특징을 갖춘 것이라고 말씀하셨기 때문입니다."

부처님의 법신은 모양이 없는 것이므로 색신의 상호가, 상호가 아닌 이치에서 보여진다. 또 진제에서 설해지는 부처님의 말씀을 속제로 알아들어서는 안 되는 것이기에 진제에서 말하는 상호는 속제의 상호가 아닌 것이다.

이 장에서 말한 요지는 부처님의 참몸[眞體]은 법신法身이며 사람의 몸은 곧 색신色身 화신化身이라 참 부처가 아니라는 것이다.

다음의 게송에도 이 이치가 설해져 있다.

報化非眞了妄緣   보화비진요망연
法身淸淨廣無邊   법신청정광무변

千江有水千江月　천강유수천강월

萬里無雲萬里天　만리무운만리천

보신과 화신은 거짓된 인연으로 나타나는 것일 뿐이요

법신은 청정하고 광대하여 가가 없으니

물 있는 강마다 달그림자 비치고

구름 없는 하늘 만리에 푸르네

❈ 유儒・불佛・선仙 삼교에 대한 평

『금강경간정기』에는 규봉 스님의 찬요서纂要序를 인용, 제교의 종지宗旨를 종합적으로 논평한 글이 나온다. 여기에서는 유교와 도교 그리고 불교의 근본 종지가 다르다는 것을 밝히고 있다.

첫째, 유교는 문선왕(文宣王, 공자)으로 교주를 삼고 오상五常인 인仁・의義・예禮・지智・신信으로 종지를 삼는다. 몸을 닦고 신중히 처신하여 집안과 나라를 다스리고 후대에까지 이름을 떨치는 것이다.

둘째, 도교는 현원황제(玄元皇帝, 노자)를 교주로 삼고 자연으로 종지를 삼는다. 시비를 없애고 생사를 평등하게 하며 종국에는 허무로 돌아가는 것이다.

셋째, 불교는 석가를 교주로 삼고 인연으로 종지를 삼으니 미혹을 타파하고 참된 이치를 드러나게 하는 것이다.

그러므로 불교는 인연으로 종지를 삼는다. 소승의 생멸이나 대승의 무성無性이 비록 얕고 깊은 차이는 있으나 통론하면 모두 인연인 것은 마찬가지다.

그런데 이 인연이 두 가지가 있다. 세간과 출세간이다. 세간 인연은 안팎으로 나누어져 안은 인이 되고 밖은 연이 된다. 식물의 씨앗이 있다면 이 종자가 인이 되고 물이나 흙, 사람, 때 등이 연이 되어 싹이 돋게 되는 것이다. 또 흙덩이가 인이 되고 물레나 도공 등이 연이 되어 그릇이 만들어진다.

또는 안으로 무명無明이 인이 되고 행行이 연이 되어 식識, 명색名色, 육입六入, 촉觸, 수受 등 5지五支를 발생한다.

앞의 두 가지는 기세간이요, 뒤의 하나는 유정세간이다. 그러므로 삼계三界의 세간이 성립되는 것은 단지 인연 때문임을 알 수 있다.

출세간에도 세 가지 인연이 있다. '하나는 본각이 안으로 훈습하는 것[內熏]'이 인이 되고, '스승의 가르침을 밖으로부터 받아 훈습되는 것[外熏]'이 연이 되어 시각始覺이 이루어진다. 둘은 시각이 인이 되고 보시 등 육바라밀이 연이 되어 불과佛果가 성취된다. 셋은 대비가 인이 되고 중생이 연이 되어 응화應化가 일어나게 된다. 그러므로 출세간의 모든 정묘淨妙한 일들이 인연에서 벗어나지 않는 것이다.

『법화경』에는 '부처의 종자佛種가 연으로부터 일어나므로 일승一乘이라 부른다' 하였고 또 『중론中論』에서는 '어떤 한 법도 인연으로부터 생기하지 않는 것이 없다' 하였으며 부처님이 이 인연법을 설하여 능히 모든 희론戲論들을 꺾을 수 있다고 하였다.

그런데 세·출세간의 일체 법을 '있다는 뜻[有義]'과 '없다는 뜻[無義]', '거짓된 것이라는 뜻[假義]', 그리고 '중도의 뜻[中義]'으로 나눈다.

유有란 '생기고 없어짐이 있다[生滅]'는 뜻으로 모든 법이 인연이 모이면 생기고 인연이 흩어지면 없어진다는 의미다.

마승馬勝 비구가 사리불에게 설해준 게송에 "모든 법은 인연을 따라 생겼다가 인연이 흩어지면 없어지나니 이와 같이 없어지고 생기는 이치를 사문沙門께서 이렇게 설하시었네[諸法從緣生 緣離法卽滅 如是滅與生 沙門如是說]" 한 말이 이것이다.

일체 법이 모두 인연에 속한 것이라면 실체가 없는 존재임을 알 수 있다. 실체가 없는 것이 바로 공의 뜻이다. 그러므로 『중론』에 '인연으로 생기는 법을 나는 공이라 설한다' 하였다.

가假란 마치 거울에 비친 상이나 물속에 비친 달과 같이, 비록 실체가 아니지만 인연이 모이면 나타나지 않을 수가 없는 것이다.

중中이란 가이기 때문에 공이요, 공이기 때문에 가가 아니다. 따라서 공도 아니고 가도 아니면서 그대로 공이요 그대로 가인 것이 중의 뜻이다.

21장
설법 아닌 설법

二十一. 非說所說分
비 설 소 설 분

須菩提 汝勿謂如來作是念 我當有所說法 莫作是念
何以故 若人言 如來有所說法 卽爲謗佛 不能解我
所說故 須菩提 說法者 無法可說 是名說法 爾時
慧命須菩提 白佛言 世尊 頗有衆生 於未來世 聞說
是法 生信心不 佛言 須菩提 彼非衆生 非不衆生 何
以故 須菩提 衆生衆生者 如來說非衆生 是名衆生

"수보리여! 그대는 여래가 '나는 설한 법이 있다.'는 생각을 한다고 말하지 말라. 이런 생각을 하지 말라. 왜냐하면 '여래께서 설하신 법이 있다.'고 말한다면, 이 사람은 여래를 비방하는 것이니, 내가 설한 것을 이해하지 못했기 때문이다. 수보리여! 설법이라는 것은 설할 만한 법이 없는 것이므로 설법이라고 말한다."
그때 수보리 장로가 부처님께 여쭈었습니다.
"세존이시여! 미래에 이 법 설하심을 듣고 신심을 낼 중생이 조금이라도 있겠습니까?"
부처님께서 말씀하셨습니다.
"수보리여! 저들은 중생이 아니요 중생이 아닌 것도 아니다. 왜냐하면 수보리여! 중생 중생이라 하는 것은 여래가 중생이 아니라고 설하였으므로 중생이라 말하기 때문이다."

"수보리여! 그대는 여래가 '나는 설한 법이 있다.'는 생각을 한다고 말하지 말라. 이런 생각을 하지 말라.

수많은 법을 설하여 중생을 교화한 부처님이시지만 이 대목에 와서 또 여래는 설한 법이 없다고 하였다. 이는 앞에서 부처님은 몸매를 갖춘 색신의 몸으로 보는 것이 아닌 모양을 떠난 것이라 하여 법신이 참 부처임을 밝혔다. 그렇다면 '모양이 없는 법신 즉 몸이 없는 부처가 어떻게 말을 하여 법을 설할 수 있느냐?' 하는 의문을 다시 봉쇄하기 위하여 여래는 설한 법이 없다 한 것이다.

왜냐하면 '여래에서 설하신 법이 있다.'고 말한다면, 이 사람은 여래를 비방하는 것이니, 내가 설한 것을 이해하지 못했기 때문이다. 수보리여! 설법이라는 것은 설할 만한 법이 없는 것이므로 설법이라고 말한다."

육성으로 설해지는 말씀은 그 실체가 공한 것이다. 실체 없는 언설을 참 설법이라 여긴다면 이는 부처님 설법의 본뜻을 모르는 것이고 나아가 부처님을 비방하는 결과를 가져온다는 것이다. 그리하여 부처님 설법의 정체는 설할 법이 없으므로 법을 설한다는 것이다. 『유마경』에도 "설법이란 법을 설할 게 없는 것이다[說法者無法可說]"라고 하였다.

이미 무위의 세계에서는 능소가 끊어져 주체와 객체의 상대가 없음을 설명하였다. 설함이 없이 설하고 들음이 없이 듣는 게 참된 설법이요 청법인 것이다.

그때 수보리 장로가 부처님께 여쭈었습니다.
"세존이시여! 미래에 이 법 설하심을 듣고 신심을 낼 중생이 조금이라도 있겠습니까?"

제6장 「깊은 믿음」에서 한 질문과 같은 질문을 수보리가 다시 하였다.
'어떤 중생이 오는 세상에 이런 법문을 듣고 믿을 수 있겠습니까?'

부처님께서 말씀하셨습니다.

"수보리여! 저들은 중생이 아니요 중생이 아닌 것도 아니다. 왜냐하면 수보리여! 중생 중생이라 하는 것은 여래가 중생이 아니라고 설하였으므로 중생이라 말하기 때문이다."

부처님은 '중생이 중생이 아니며 중생이 아닌 것도 아니다'고 하며 그 까닭은 '중생이다 하는 것은 중생이 아니므로 중생이라 한다'고 하셨다.

이는 앞의 이야기 곧 '설할 법이 없으므로 법을 설한다'는 말을 믿을 수 있는 중생은 이미 중생이라는 관념적인 자기 격格을 벗어난 사람이라 일반적인 범부 중생이 아니요, 성인에 속한다는 자기 관념이 없으니 중생이 아닌 것도 아니라는 것이다. 또 여래가 보는 중생은 모두 한낱 이름을 중생이라 하지만 부처의 성품을 갖춘 점에서 보면 모두가 부처이며 또한 실상으로 보면 공한 것이기에, 관념적 분별로 모양을 나누어 말할 수 있는 게 아무것도 없다는 것이다. 오는 세상에 법을 믿는 중생은 중생이 아닌 중생이기 때문에 법을 믿을 것이라는 뜻도 된다.

'저들은 중생이 아니요, 중생이 아닌 것도 아니다'라는 말이 참으로 묘하다.

야보도천冶父道川 선사는 이 대목에 대하여 착어를 붙이기를 "불은 뜨겁고 바람은 흔들리며 물은 젖고 땅은 단단하다[火熱風動水濕地堅]" 하였다. 다분히 반의적으로 중생이, 중생이 아니란 말을 뒤집어 '중생은 중생이고 부처는 부처다'라는 식으로 말해 붙인 것이다. '~아닌 것이 ~인 것이고, ~인 것이 ~아닌 것이다'라는 표현이 한 차원

더 올라가면 도리어 '산은 산이고 물은 물이다'가 되어 버린다.

❀ 저승에서 금강경을 외운 영유 스님

당나라 목종(穆宗, 821~824) 때 영유靈幽라는 스님이 있었다. 그는 평생『금강경』을 즐겨 독송하였다. 그가 죽어 명부冥府에 가니 염라대왕이 물었다.

"인간세상에서 무슨 일을 주로 하였느냐?"

"항상『금강경』을 독송하였습니다."

"어디 한번 외워 보라."

영유 스님이『금강경』을 모두 외웠다. 듣고 난 염라대왕이 말했다.

"한 단락이 빠졌도다. 그대의 수명이 이미 다했으나 지금『금강경』을 외운 공덕에 의해 다시 인간으로 보내노니 사람들에게 이 경을 받아 지니도록 권하라. 이 경의 정본正本이 호주濠州의 종리사鐘離寺에 석각石刻이 되어 있으니 가서 찾아 빠진 부분을 보충해 유포하도록 하라."

영유 스님이 다시 인간으로 돌아와 염라대왕이 일러준 대로 종리사에 석각된 원본을 찾아 이를 유통시켰다고 한다. 영유 스님이 염라대왕 앞에서 외웠을 때 빠뜨렸다는 한 단락은 위의 분 가운데 나오는 다음 몇 구절이다.

"그때 수보리 장로가 부처님께 여쭈었습니다.

"세존이시여! 미래에 이 법 설하심을 듣고 신심을 낼 중생이 조금이라도 있겠습니까?"

부처님께서 말씀하셨습니다.

"수보리여! 저들은 중생이 아니요. 중생이 아닌 것도 아니다. 왜냐하면 수보리여! 중생 중생이라 하는 것은 여래가 중생이 아니라고 설하셨으므로 중생이라 말하기 때문이다.

『금강경오가해金剛經五家解』에서 규봉 스님은 이 대목을 '유명선사속가幽冥禪師續加'라고 표기해 놓았다. 저승에 갔다 온 유명 선사(영유 스님)가 이어 덧붙인 대목이라는 뜻이다. 그래서 돌아간 망자 곧 영가를 위해서 『금강경』을 독송하는 풍습이 생겼다. 명부에서 이 경을 『공덕경』이라 하여 좋아한다는 설화는 이를 근거로 한 것이다.

22장
얻을 것이 없는 법

二十二. 無法可得分
무법가득분

須菩提白佛言 世尊 佛得阿耨多羅三藐三菩提 爲無
수보리백불언 세존 불득아누다라삼먁삼보리 위무
所得耶 佛言 如是如是 須菩提 我於阿耨多羅三藐
소득야 불언 여시여시 수보리 아어아누다라삼먁
三菩提乃至無有少法可得 是名阿耨多羅三藐三菩提
삼보리내지무유소법가득 시명아누다라삼먁삼보리

수보리가 부처님께 여쭈었습니다.
"세존이시여! 부처님께서 가장 높고 바른 깨달음을 얻은 것은 법이 없는 것입니까?"
부처님께서 말씀하셨습니다.
"그렇다, 그렇다. 수보리여! 내가 가장 높고 바른 깨달음에서 조그마한 법조차도 얻을 만한 것이 없었으므로 가장 높고 바른 깨달음이라 말한다."

수보리가 부처님께 여쭈었습니다.
　"세존이시여! 부처님께서 가장 높고 바른 깨달음을 얻은 것은 법이 없는 것입니까?"
　부처님께서 말씀하셨습니다.
　"그렇다, 그렇다. 수보리여! 내가 가장 높고 바른 깨달음에서 조그마한 법조차도 얻을 만한 것이 없었으므로 가장 높고 바른 깨달음이라 말한다."

　부처님이 아누다라삼먁삼보리를 얻은 것은 아누다라삼먁삼보리라 할 법을 얻은 것이 없기 때문에 얻었다는 이 말씀도 설한 바 법이 없다는 앞 장의 이야기와 맥을 같이하는 것이다. 이러한 법문을 무소득 법문이라 하는데 위없는 깨달음의 세계는 심의식心意識이 없어진 절대공絶對空의 경지이다.
　여기서는 있다는 상황 곧 존재한다거나 성취한다는 것은 붙을 수 없다. 모두 망상분별일 뿐이다. 이른바 대승에서 내세우는 무소득의 경지는 일체의 대상에 대하여 두 가지로 이것과 저것을 상대적으로 분별하는 생각이 끊어진 경지이다.

『대품반야경』 권21에 수보리가 부처님께 여쭙는다.

"세존이시여, 무엇을 유소득有所得이라 하고 무엇을 무소득無所得이라 합니까?"

부처님께서 답하셨다.

"일체의 대상에 대하여 두 가지로 분별하는 것을 유소득이라 하고 두 가지로 분별하지 않는 것을 무소득이라 하느니라."

여기서 두 가지로 분별한다는 것은 육근과 육진이 짝하여 주관과 객관이 나뉘져 차별상을 내는 것이고 반대로 주객이 합일하여 차별을 내지 않는 것이 무소득이다. 다시 말해 부처님이 아누다라삼먁삼보리를 얻었다 하면 차별상에 떨어지는 것이다. 부처님과 아누다라삼먁삼보리가 눈과 색의 관계처럼 둘이 되면 유소득이 되고 만다.

❀ 거위가 먹은 구슬

아주鵝珠라는 설화가 있다.

옛날에 한 비구가 탁발을 나갔다. 마침 탁발하러 찾아간 집이 구슬을 만드는 사람의 집이었다. 비구가 갔을 때 집주인은 마니주에 구멍을 뚫는 작업을 하고 있었다. 비구에게 밥을 주기 위하여 잠시 뚫던 구슬을 작업하던 곳에 두고 음식을 가지러 안으로 들어갔다. 그 사이 집에서 기르던 거위가 다가와 뚫던 구슬을 주워 삼켜버렸다. 집주인이 음식을 가지고 와보니 구슬이 없어진 것이었다. 비구에게 구슬이 어디 갔는가 물었더니, 비구는 거위가 집어 삼켰다고 말하면 틀림없이 거위를 죽일 것이라 생각하고 말을 하지 않고 고뇌를 하고 있었다. 마침내 비구를 의심한 주인이 비구를 묶고 화가 나 몽둥이로 몹시 때렸다. 비구의 눈과 귀, 그리고 코와 입에서 피가 흘렀다. 그러자 거위가 또 와서 비구의 몸에서 나는 피를 먹었다. 이에 주인이 다시 거위를 때려 죽였다. 그리고 다시 거위의 배를 째니 마니주 구슬이 거위의 뱃속에 있었다. 순간 주인은 비구가 거위를 죽게 하지 않으려고 구슬을 삼키는 것을 보고도 말을 하지 않은 것을 알고 크게 감동하고 잘못을 뉘우쳤다.

이 설화의 원 출처는 『대장엄론경』 권11에 실려 있는 것이지만 계율을 굳게 지키고 수행에 임할 것을 강조하는 뜻에서 지계 정신의 본보기로 많이 인용한다.

사람들은 흔히 자랑하고 변명하여 자기 입장을 극구 호도하려는 상내기를 좋아한다. 이러한 인간의 약점을 깨우쳐 주는 법문이 무소득 법문이다. 아누다라삼먁삼보리에서 조금도 얻은 바가 없었기 때문에 아누다라삼먁삼보리를 얻은 부처님이 되셨다는 말은 깊이 또 깊이 음미해 보아야 할 말씀이다.

23장

관념을 떠난 선행

二十三. 淨心行善分
정심행선분

復次 須菩提 是法平等 無有高下 是名阿耨多羅三
부차 수보리 시법평등 무유고하 시명아누다라삼
藐三菩提 以無我無人無衆生無壽者 修一切善法
약삼보리 이무아무인무중생무수자 수일체선법
則得阿耨多羅三藐三菩提 須菩提 所言善法者 如
즉득아누다라삼먁삼보리 수보리 소언선법자 여
來說 即非善法 是名善法
래설 즉비선법 시명선법

"또한 수보리여! 이 법은 평등하여 높고 낮은 것이 없으니, 이것을 가장 높고 바른 깨달음이라 말한다. 자아도 없고, 개아도 없고, 중생도 없고, 영혼도 없이 온갖 선법을 닦음으로써 가장 높고 바른 깨달음을 얻게 된다. 수보리여! 선법이라는 것은 선법이 아니라고 여래는 설하였으므로 선법이라 말한다."

"또한 수보리여! 이 법은 평등하여 높고 낮은 것이 없으니, 이것을 가장 높고 바른 깨달음이라 말한다.

'이 법은 평등하여 높고 낮은 것이 없다'는 것은 모든 상대적 차별을 뛰어넘은 절대공의 경지는 일체 명상이 끊어졌으므로 분별을 일으킬 수 없다는 것이다. 또 실상을 통달하면 있는 그대로가 본평등이라 한다. 차별이 차별이 아니고 본래 평등이라는 것이다. 학의 다리는 길고 오리 다리는 짧은 것이 본평등이라는 조사 스님들의 말씀도 있다. 관념의 집착으로 인해 차별을 의식하면서 불평등의 상에 빠져버리는 것이 중생들의 미혹이다. 때문에 상을 벗어나 본평등의 자리로 돌아가야 한다.

자아도 없고, 개아도 없고, 중생도 없고, 영혼도 없이 온갖 선법을 닦음으로써 가장 높고 바른 깨달음을 얻게 된다.

 네 가지 관념에 사로잡힌 집착과 고집을 여의고 오로지 착한 법을 실천하면 무상보리는 얻어지게 된다고 하였다. 여기서 말한 착한 법도 실체가 없는 것인데 혹 착하다는 관념의 고집에 걸릴까 봐 착한 법이 아니므로 착한 법이라 한다고 했다.
 앞의 얻을 것이 없는 법을 설한 대목에서 얻을 법이 없다고 한 데 대해 그렇다면 '얻을 법이 없다면 닦을 필요도 없지 않는가?'라는 의문에 대해 설한 내용으로 관념의 집착과 고집을 여읜 마음 깨끗한 마음(淨心)으로 선법을 닦으라는 것이다. 경에서는 평등으로 돌아간 마음 곧 상을 여의고 분별을 떠난 마음을 깨끗한 마음 곧 정심(淨心)이라 하였다.
 선시에 다음과 같은 구절이 나온다.

春色無高下 춘색무고하
花枝自長短 화지자장단

봄볕은 높고 낮음이 없는데
꽃가지 저절로 길고 짧구나

 봄이 오면 만물이 소생 약동하면서 산과 들에 꽃이 핀다. 우리가 흔히 자연의 섭리라고 말하는 계절의 변화 속에는 참으로 무궁무진한 의미가 들어 있다. '온갖 풀끝에 조사의 뜻이 드러난다'는 선가의 말처럼 두두물물이 저마다 무한한 뜻을 가지고 있는 것이다. 이는 불성이 시방법계에 두루 가득하다는 불법의 이치에서 보는 또 하나의 엄청난 사실이다. 설사 개체적이고 단일적인 하나의 존재라도 그 속에 무한한 뜻이 숨어 있는 것이다.

다시 말해 산비탈에 피어 있는 진달래 한 송이가 이미 무한한 우주의 소식을 다 가지고 있다는 말이다. 모든 것은 궁극적인 진리의 본체에서 발현한 것이므로 하나의 작용으로 나타나는 현상에는 무한한 본체의 원만 공덕이 갖추어져 있는 것이다.

'진리가 무엇이냐?' 하는 질문을 바꾸어 '어떤 것을 진리라 하느냐?' 할 때 대개 몇 가지의 수사적 표현을 쓴다. 이는 '도가 어떤 것이냐?'를 설명할 때 쓰는 표현이기도 하다. '진리 곧 도는 영원한 것이고, 무한한 것이고, 평등한 것이고, 동시에 원만한 것'이라 한다.

이는 도의 속성을 설명하는 수사적인 형용사지만 이 영원하고 무한하고 평등한 어떤 실재에 대한 향수 없이는 진리의 본체를 찾을 수 없음을 의미하는 것으로 봐도 무방하다.

한편 깨달은 부처와 깨닫지 못한 중생은 하늘과 땅만큼이나 현격한 차이가 있다고 보는 것이 범부들의 생각이다. 물론 수행이 완성되고 수행이 이루어지지 않은 상태는 엄청난 차이이다. 하지만 부처나 중생이나 법의 본질적 의미에서 보면 평등하여 아무런 차이가 없다. 달리 말해 부처의 마음이나 중생의 마음이나 마음의 본체는 똑같다는 말이다.

부처라 하여 중생보다 더 큰 마음을 가지고 있는 것이 아니고, 중생이라 하여 부처보다 작은 마음을 가진 것이 아니다. 성인이라 하여 많이 가지지 않았고, 범부라 하여 적게 가지지 않았다는 것이다. 이 본 평등 자체는 부처도 아니고 중생도 아니다. 굳이 이름을 붙인다면 그것이 바로 아누다라삼먁삼보리라고 부처님은 말씀하셨다.

수보리여! 선법이라는 것은 선법이 아니라고 여래는 설하였으므로 선법이라 말한다."

자아도 없고, 개아도 없고, 중생도 없고, 영혼도 없다. 한역의 아상, 인상, 중생상, 수자상의 사상四相이 없는 상태에서 온갖 선법을 닦는 것이 아누다라삼먁삼보리심을 발한 보살들이 할 일이다. 그러나 이 선법이라는 것에 집착해 관념을 만들어 놓으면 상에 걸리고 만다. 그래서 선법이 선법이 아니라고 말한다는 것이다. 세속제에서는 선법이라 할 수 있지만 승의제에서는 선법이라 할 게 없다는 말이다.

❈ 도란 무엇인가

동양의 유·불·선 삼교에서 다 같이 도道를 논한다. 도가 무엇이냐 하는 문제가 동양사상의 근간이라 할 수 있다. 물론 불교와 유교 그리고 도교에서 주장하는 도의 개념은 차이가 있다.

깨달음을 추구하는 불교에 있어서 도란 깨달음 그 자체라 할 수 있다.

옛 부처의 화현이라고 불리었던 조주종심(趙州從諗, 778~897) 선사가 젊었을 때 스승인 남전보원(南泉普願, 748~834)에게 물었다.

"도가 무엇입니까?"

"평상심平常心이 바로 도이니라."

"그렇다면 평상심을 어떻게 유지해야 합니까?"

"어떤 방법이나 방향을 미리 정해놓고 나가는 것은 도에 어긋나느 니라."

"그렇지만 방법을 모르고 어떻게 도를 알 수 있겠습니까?"

"도는 아는 데 속하지도 않고 모르는 데 속하지도 않는다. 알았다 하면 그것은 곧 망상이요, 모른다 하면 무기無記니 만약 참으로 도를 통달하면 마치 태허공太虛空이 확 트인 것과 같거늘 어찌 시비할 게 있겠는가?"

'도는 아는 데도 속하지 아니하고 모르는 데도 속하지 않는다道不 屬知不知'는 이 말은 그 후 선가에 널리 유행된 말이 되었다.

이 이야기는 『무문관』에 수록되어 있는데 무문관의 저자 무문혜개 (無門慧開, 1183~1246) 선사가 이 대화를 칭탄하고 다음과 같은 게송을 붙였다.

春有百花秋有月　춘유백화추유월
夏有涼風冬有雪　하유량풍동유설
若無閑事掛心頭　약무한사괘심두
便是人間好時節　편시인간호시절

봄에는 온갖 꽃 피고 가을엔 달이 밝아
여름엔 시원한 바람 겨울엔 흰 눈

만약 부질없는 일에 마음 매이지 않으면
사람 사는 일 언제나 좋은 것

24장
경전 수지가 최고의 복덕

二十四. 福智無比分
복지무비분

須菩提 若三千大千世界中 所有諸須彌山王 如是等
수보리 약삼천대천세계중 소유제수미산왕 여시등
七寶聚 有人 持用布施 若人 以此般若波羅蜜經 乃
칠보취 유인 지용보시 약인 이차반야바라밀경 내
至四句偈等 受持讀誦 爲他人說 於前福德 百分不
지사구게등 수지독송 위타인설 어전복덕 백분불
及一 百千萬億分 乃至筭數譬喩 所不能及
급일 백천만억분 내지산수비유 소불능급

"수보리여! 삼천대천세계에 있는 산들의 왕 수미산만큼의 칠보 무더기를 가지고 보시하는 사람이 있다고 하자. 또 이 반야바라밀경의 사구게만이라도 받고 지니고 읽고 외워 다른 사람을 위해 설해 주는 사람이 있다고 하자. 그러면 앞의 복덕은 뒤의 복덕에 비해 백에 하나에도 미치지 못하고 천에 하나 만에 하나 억에 하나에도 미치지 못하며 더 나아가서 어떤 셈이나 비유로도 미치지 못한다."

"수보리여! 삼천대천세계에 있는 산들의 왕 수미산만큼의 칠보 무더기를 가지고 보시하는 사람이 있다고 하자.

이 장에서 다시 칠보의 보시 공덕과 사구게를 지니는 공덕을 비교하기 위하여 먼저 삼천대천세계에 있는 수미산만큼의 칠보를 보시하는 경우를 먼저 말한다.

또 이 반야바라밀경의 사구게만이라도 받고 지니고 읽고 외워 다른 사람을 위해 설해 주는 사람이 있다고 하자.

두 사람의 경우를 예시하면서 사구게를 지니는 사람에 대하여 말하고 있다. 사구게란 경의 핵심 대의를 요약한 네 구절의 경문을 말하는 것이다.

그러면 앞의 복덕은 뒤의 복덕에 비해 백에 하나에도 미치지 못하고 천에 하나 만에 하나 억에 하나에도 미치지 못하며 더 나아가서 어떤 셈이나 비유로도 미치지 못한다."

이 장의 내용은 앞의 「관념을 떠난 선행」을 설한 장에서 온갖 선법 善法을 닦으면 아누다라삼먁삼보리를 얻는다고 한 데 대하여 그렇다면 '왜 경을 수지하면 보리를 얻는다 하였는가?' 하는 의심을 막고자 경을 지니는 공덕을 재차 강조한 내용이다.

경이란 부처님 말씀을 기록한 것으로 부처님의 음성을 대신하는 문자, 낱말, 구절, 문장을 모아 놓은 것인데 이는 선도 악도 아닌 무기에 해당하는 것이 아닌가? 무기가 성불의 원인이 된다는 것이 이해가 안 된다는 생각을 이해시키는 대목이다.

무기란 선악의 의지가 없는 바람소리 물소리와 같은 것으로 인간의 의지와 상관없는 것이다. 이 무기라는 것은 달걀에 비유하면 무정란과 같아 선악의 업을 초래하지 못한다. 수행에서 무기에 빠지면 도를 이루지 못한다고 한다. 그러나 여기에서는 경이 비록 문자나 문장의 집합으로 보면 무기이기는 하지만 경을 통해 정견을 얻고 더 나아가 보리를 얻는 엄청난 공덕이 있는 것이어서 그 복덕과 지혜를 비교할 수 없다는 것이다. 그리하여 소명 태자가 한역 원문을 구분한 32분에서는 이 대목을 「복지무비분」이라 하였다. 복덕과 지혜는 이 세상의 보편적 가치가 되는 것으로 세간적인 경우와 출세간적인 경우로 구분된다. 다시 말해 유루복과 무루복으로 나눠지는데 여기에서도 무루복의 수승함을 말한 것이다.

일반 세속의 생활에서도 복덕과 지혜가 함께 갖추어져야 한다. 이 것은 인생의 2대 요소라 할 수 있다. 복이 많아도 지혜가 없으면 안 되고 또한 지혜가 있어도 복이 없으면 안 된다. 새의 두 날개와 같은 것이고 수레의 두 바퀴와 같은 것이다. 그러므로 복혜쌍수의 생활이 되도록 노력해야 할 것이다.

※ 보신에 갖추어진 복

부처님 경계에서 볼 때 복덕이 장엄된 곳은 보신불이라 한다. 삼신불三身佛 중 법신은 깨달음 자체를 의인화시켜 부르는 말이고 보신報身은 중생을 위해 서원을 세우고 수행을 거듭한 결과, 깨달음을 성취한 부처를 두고 부르는 말인데 깨달음을 얻기까지의 수행을 닦은 공덕 전체를 부처로 보는 것이다. 화신은 때와 장소, 중생들의 능력이나 소질에 따라 나타나 중생들을 구제해주는 부처님으로 사람이 수행을 성취하여 부처가 되었을 때 사람이 곧 화신이 된다.『기신론』에서는 수행 과정에 있는 시각이 구경각究竟覺에 이르러 본각진심本覺眞心에 계합된 것을 성불成佛이라 하는데, 여기서 구경각에 이를 때까지의 인행 전체가 보신의 부처이며 이를 증도證道라 하기도 한다. 반면 부처님의 말씀을 의지해 수행을 해나갈 때 말씀대로 여법이 실천해 나가는 것을 교도教道라 한다.『금강경』에서 문자로 된 교법을 사상四相을 떠나 상 없이 받아들이면 교도를 통해 증도가 얻어지는 것이라 설한다. 이런 점에서 볼 때 문자를 의지해 증도를 하므로 깨달음의 계기가 부처님 말씀에서 생기게 된다. 다시 말해 깨달음의 원인이 실체 없는 말에도 있다는 뜻이다. 선을 참구하는 실참實參의 분상에서는 말을 떠나야 되지만 발심의 중대한 동기가 말 한마디에서 이루어진다면 이 말 역시 깨달음의 전초가 되어 성불을 기약하는 굳건한 반석이 되는 것이다.

또 복덕도 격이 있다. 이 말은 중생이 누리는 세간의 복과 부처님이나 보살이 누리는 복은 차원이 다르다는 말이다. 세간의 오욕락五慾樂이 부처의 경지에서는 공덕을 유실하는 고苦의 원인이 될 뿐이다. 뿐만 아니라 복을 수용하는 주체의 격에 따라 복의 가치도 달라질 수 있다. 가령 축생이 아무리 좋은 복을 누린다 해도 사람 몸을 받는 인도환생人道還生보다 못한 것이다. 개나 소가 아무리 복을 누린다 해도 사람으로 태어난 것만 못하다는 말이다.

25장

분별없는 교화

二十五. 化無所化分
화무소화분

須菩提 於意云何 汝等勿謂如來作是念 我當度衆
수보리 어의운하 여등물위여래작시념 아당도중
生 須菩提 莫作是念 何以故 實無有衆生如來度者
생 수보리 막작시념 하이고 실무유중생여래도자
若有衆生 如來度者 如來則有我人衆生壽者 須菩提
약유중생 여래도자 여래즉유아인중생수자 수보리
如來說 有我者 則非有我 而凡夫之人 以爲有我 須
여래설 유아자 즉비유아 이범부지인 이위유아 수
菩提 凡夫者 如來說則非凡夫
보리 범부자 여래설즉비범부

"수보리여! 그대 생각은 어떠한가? 그대들은 여래가 '나는 중생을 제도하리라.'는 생각을 한다고 말하지 말라. 수보리여! 이런 생각을 하지 말라.
왜냐하면 여래가 제도한 중생이 실제로 없기 때문이다. 만일 여래가 제도한 중생이 있다면, 여래에게도 자아·개아·중생·영혼이 있다는 집착이 있는 것이다.
수보리여! 자아가 있다는 집착은 자아가 있다는 집착이 아니라고 여래는 설하였다. 그렇지만 범부들이 자아가 있다고 집착한다. 수보리여! 범부라는 것도 여래는 범부가 아니라고 설하였다."

"수보리여! 그대 생각은 어떠한가? 그대들은 여래가 '나는 중생을 제도하리라.'는 생각을 한다고 말하지 말라. 수보리여! 이런 생각을 하지 말라.

앞에서 '이 법은 평등하여 높고 낮은 것이 없으니'라고 한 것에 대하여 '그렇다면 부처님이 중생을 제도할 것이 없지 않느냐?' 하는 생각을 할 것에 대비하여 부처님이 중생을 제도한다는 생각을 하지 말라고 한다.

왜냐하면 여래가 제도한 중생이 실제로 없기 때문이다. 만일 여래가 제도한 중생이 있다면, 여래에게도 자아·개아·중생·영혼이 있다는 집착이 있는 것이다.

그 까닭은 거듭 설해 온 바와 같이 부처님은 일체 관념의 고집을 여의어서 함이 없는 무위無爲의 마음으로 있기 때문이다. 주관과 객관이 하나로 합일된 경지에서는 주체와 객체의 능동과 수동의 관계에서 일어나는 움직임이 없는 것이다. 모든 것이 철저히 비워져 자기로부터 벗어나 '나'라는 주체 의식이 조금도 없기 때문에 주객의 거래가 끊어져 버린다.

❀ 원효 스님이 해골 물을 마신 이야기

우리에게 널리 알려진 설화로 원효 스님이 해골 물을 마시고 깨달음을 얻었다는 이야기가 있다. 『임간록林間錄』에 기록되어 있는데(원효 대사의 깨달음에 대한 내용은 이 외에 『송고승전』 『종경록』에서 보이는데 그 내용이 각각 다르다) 의상 스님과 함께 중국 당나라에 들어가려다 노숙을 하게 되었다. 밤이 깊어 잠을 자다가 원효 스님이 갈증을 느껴 잠에서 깨었다. 물을 마시지 않고는 견딜 수가 없어 어둠 속에 이리저리 더듬으며 물을 찾았다. 다행히 옹달샘 같은 웅덩이가 손끝에 감지되어 입을 대고 물을 마셨다. 그리고 갈증을 풀고 다시 잠을 잤다.

이튿날 잠을 깨어 길을 재촉해 떠나려던 원효 스님이 간밤에 물을 마셨던 작은 웅덩이 속에 해골이 빠져 있는 것을 보았다. 간밤에 해골이 고여 있는 더러운 물을 어둠 속에서 모르고 마셨다는 것을 안 순간 갑자기 속이 메스꺼우며 구토증이 치솟는 증세를 느꼈다. 비위가 상하며 기분이 언짢아짐을 느끼던 원효 스님이 다시 머리에 섬광이 일어남을 느꼈다. 홀연히 마음이 모든 것을 만들어 낸다는 '일체유심조一切唯心造'의 이치를 깨달았던 것이다. 이에 원효 스님은 다음과 같은 독백을 한다.

"마음이 생기면 가지가지 법이 생겨나고, 마음이 없어지면 가지가지 법도 없어진다. 삼계가 오직 마음이요 만법도 오직 생각이 인식하는 것일 뿐이다. 마음 밖에 법이 없으니 어찌 달리 찾겠는가? 내 이제 당에 갈 필요가 없구나[心生則種種法生 心滅則種種法滅 三界唯心 萬法唯識 心外無別法 胡用別求 我不入唐]."

마음이 생기니 가지가지 법이 생기고 마음이 없어지니 가지가지 법이 없어진다는 말은 『능가경』에 나오는데, 마음이 일어난다는 것은 마음속에 한 생각이 일어남을 뜻한다. 『능가경』은 달마 스님이 처음 중국에 왔을 때부터 중요시한 경으로 처음에 달마선종을 능가종楞伽宗이라 부르기도 했다. 중국 선종의 초조 달마가 2조 혜가慧可에게 『능가경』 4권을 전해 선법의 심요를 삼았다. 그 후 5조, 6조인 홍인弘忍, 혜능慧能 스님 대에 와서 『금강경』이 중요시된 것이다.

촉루수髑髏水 물을 마시고 '일체유심조'의 도리를 깨달은 원효 스님은 당나라 행을 포기하고 서라벌로 돌아오고 말았다. 이후 그는 화엄의 대가가 되어 불법을 널리 퍼뜨리게 된다.

"모든 것은 마음이 만들어 낸다. 마음 밖에 달리 법이 없다[一切唯心造 心外無別法]"는 말은 『화엄경』에 설해져 있는 구절이다.

수보리여! 자아가 있다는 집착은 자아가 있다는 집착이 아니라고 여래는 설하였다. 그렇지만 범부들이 자아가 있다고 집착한다. 수보리여! 범부라는 것도 여래는 범부가 아니라고 설하였다."

범부들이 가지고 있는 자아의식이나 흔히 말하는 자존심 따위는 '나'라는 자기 집착의 이기심 때문에 생기는 것이다. 집착은 항상 편견을 이루며 '나'와 '너'를 구별하고 가부를 판단하며 자아를 비판하게 된다. 이렇게 하여 오히려 번뇌와 망상을 만들어 실상을 미혹해 버린다. 일체 사물에 대한 판단이 중지되고 언설명상言說名相을 통한 알음알이를 전개할 수 없는 실상의 자리에서는 가부의 논리가 설 수 없다. 다만 부득이한 방편으로 언어문자를 빌려 쓰지만 이 언어문자 역시 실체가 없는 공한 것이다. '범부라는 것도 여래는 말하기를 범부가 아니라고 하느니라'고 한 말도 바로 명상의 고정관념에 사로잡히는 것을 막기 위해서다.

26장
신체적 특징을 떠난 여래

二十六. 法身非相分
법신비상분

須菩提 於意云何 可以三十二相 觀如來不 須菩提
수보리 어의운하 가이삼십이상 관여래부 수보리
言 如是如是 以三十二相 觀如來 佛言 須菩提 若
언 여시여시 이삼십이상 관여래 불언 수보리 약
以三十二相 觀如來者 轉輪聖王 則是如來 須菩提
이삼십이상 관여래자 전륜성왕 즉시여래 수보리
白佛言 世尊 如我解佛所說義 不應以三十二相 觀
백불언 세존 여아해불소설의 불응이삼십이상 관
如來 爾時世尊 而說偈言
여래 이시세존 이설게언
若以色見我 以音聲求我 是人行邪道 不能見如來
약이색견아 이음성구아 시인행사도 불능견여래

"수보리여! 그대 생각은 어떠한가? 서른두 가지 신체적 특징으로 여래라고 볼 수 있는가?"
수보리가 대답하였습니다.
"그렇습니다, 그렇습니다. 서른두 가지 신체적 특징으로도 여래라고 볼 수 있습니다."
부처님께서 말씀하셨습니다.
"수보리여! 서른두 가지 신체적 특징으로도 여래라고 볼 수 있다면 전륜성왕도 여래겠구나!"
수보리가 부처님께 말씀드렸습니다.
"세존이시여! 제가 부처님께서 말씀하신 뜻을 이해하기로는, 서른두 가지 신체적 특징을 가지고는 여래를 볼 수 없습니다."
그때 세존께서 게송으로 말씀하셨습니다.
"형색으로 나를 보거나 음성으로 나를 찾으면
삿된 길 걸을 뿐 여래 볼 수 없으리."

"수보리여! 그대 생각은 어떠한가? 서른두 가지 신체적 특징으로 여래라고 볼 수 있는가?"

수보리가 대답하였습니다.

"그렇습니다. 그렇습니다. 서른두 가지 신체적 특징으로도 여래라고 볼 수 있습니다."

이미 앞의 제20장에서 모습과 특성을 초월한 여래를 설한 대목에서 말씀하시기를 '여래는 갖춰진 색신[具足色身]으로 볼 수 없다 하였고, 또 몸매 갖춤[諸相具足]으로도 볼 수 없다' 하였는데 이는 법신은 모양이 아니기 때문이다.

그러나 한편으로 생각하면 '법신이 모양이 아니지 않은 것도 아니냐?'는 의문이 제기된다. 왜냐하면 모양이 없는 데서 모양이 생기는 것이므로 모양을 통해 모양 없는 것도 볼 수 있어야 하지 않느냐는 말이다. 그래서 부처님이 서른두 가지 신체적 특징으로 여래를 보겠느나는 물음에 수보리가 얼른 볼 수 있다고 대답을 하였다. 이는 모양 있는 서른두 가지 신체적 특징으로 모양 없는 법신을 미루어 알 수 있는 것이 마치 산 너머 연기를 보고 불을 아는 것처럼 알 수 있겠다고 생각한 것이다. 이를 비량比量이라 한다.

부처님께서 말씀하셨습니다.
"수보리여! 서른두 가지 신체적 특징으로도 여래라고 볼 수 있다면 전륜성왕도 여래겠구나!"
수보리가 부처님께 말씀드렸습니다.
"세존이시여! 제가 부처님께서 말씀하신 뜻을 이해하기로는, 서른두 가지 신체적 특징을 가지고는 여래를 볼 수 없습니다."

그러자 부처님이 다시 그렇다면 전륜성왕轉輪聖王도 여래라고 하겠구나 하는 말에 수보리가 다시 서른두 가지 신체적 특징으로는 여래를 보지 못한다고 바꾸어 대답한다.

전륜성왕은 고대 인도에서 천하를 통일하여 태평성대太平聖代를 이루는 이상적인 군주를 일컫는 말이다. 여기에도 한 천하를 다스리는 철륜왕鐵輪王과 두 천하를 다스리는 동륜왕銅輪王, 세 천하를 다스리는 은륜왕銀輪王, 네 천하를 다스리는 금륜왕金輪王이 있다. 이 전륜성왕도 부처님과 같이 서른두 가지 거룩한 신체적 특징을 지녔다 한다.

그때 세존께서 게송으로 말씀하셨습니다.

"형색으로 나를 보거나
음성으로 나를 찾으면
삿된 길 걸을 뿐
여래 볼 수 없으리."

그렇기 때문에 몸매의 모습으로 부처를 본다면 전륜성왕도 부처라 하겠다고 하여 모양으로 부처를 보지 못한다는 것을 거듭 강조하기 위해 게송을 설했다.

눈에 보이는 색깔이나 귀에 들리는 소리 다시 말해 우리의 감각에 응해 오는 객관 대상에서 부처를 구한다는 것은 사도邪道를 행하는 것일 뿐 끝내 여래는 보지 못한다 하였다.

❀ 양 무제가 달마 스님을 만났을 때

달마 스님이 중국에 온 것은 서기 527년 양梁 무제武帝 때이다. 중국에 처음 불교가 전해진 것은 후한後漢 명제明帝 때인 서기 67년으로 공식 기록되어 있다. 우리나라는 삼국시대의 고구려 때 제일 먼저 불교가 수입되었는데 소수림왕 2년 서기 372년이다. 이 공식 기록으로 보면 우리나라보다 중국이 305년 먼저 불교가 전해졌다. 그 후 460년이 지난 뒤 달마 스님이 인도에서 오고부터 선종이 태동하여 중국불교의 특징인 선불교의 교세를 펴 확장해 나가게 된다. 물론 달마 이전에도 선이 있었다. 안세고安世高 등이 선경禪經을 번역하여 유통시

켰으며 구마라집도 『반주삼매경』을 번역하여 선 수행법을 보급시키기도 하였다.

그러나 소위 '조사선'이라고 일컬어지는 중국 전통 선은 달마를 기점으로 한다. 달마가 중국에 건너왔을 때 양 무제가 궁중으로 달마를 맞이해 대담을 나눴다. 양 무제는 당시 불심천자佛心天子로 불리던 군주로 나라 안에 불교를 위한 치적을 많이 쌓은 왕이었다. 전국에 많은 절을 짓고 사람들이 출가하여 스님이 되게 하였으며 궁중에 스님들을 초청 설법을 듣는 등 불교 장려에 많은 힘을 쏟았다. 심지어 절에 몸을 파는 등 사신공양捨身供養을 세 번이나 했다고 전해진다.

이런 무제가 달마 스님을 만난 자리에서 자기의 치적을 자랑했다.

"짐이 이 나라에 불교를 이만큼 장려했는데 지은 공덕이 좀 있겠소?"

이 말에 달마는 서슴지 않고 "없다"고 말을 했다. 아무 공덕이 없다는 것이다. 달마의 이 없다는 대답은 바로 『금강경』의 무상법문無相法門이다. 유루복이야 있겠지만 참 공덕인 무루의 공덕은 그 실상이 무소득 법문인 것이다. 상을 떠나서 보면 이 세상은 모든 것이 공한 상태로만 남아 있을 뿐이다.

27장
단절과 소멸의 초월

二十七. 無斷無滅分
무단무멸분

須菩提 汝若作是念 如來不以具足相故 得阿耨多羅
三藐三菩提 須菩提 莫作是念 如來不以具足相故
得阿耨多羅三藐三菩提 須菩提 汝若作是念 發阿
耨多羅三藐三菩提者 說諸法斷滅相 莫作是念 何
以故 發阿耨多羅三藐三菩提心者 於法 不說斷滅相

"수보리여! 그대가 '여래는 신체적 특징을 원만하게 갖추지 않았기 때문에 가장 높고 바른 깨달음을 얻은 것이다.'라고 생각한다면, 수보리여! '여래는 신체적 특징을 원만하게 갖추지 않았기 때문에 가장 높고 바른 깨달음을 얻은 것이다.'라고 생각하지 말라.
수보리여! 그대가 '가장 높고 바른 깨달음의 마음을 낸 자는 모든 법이 단절되고 소멸되어 버림을 주장한다.'고 생각한다면, 이런 생각을 하지 말라. 왜냐하면 가장 높고 바른 깨달음의 마음을 낸 자는 법에 대하여 단절되고 소멸된다는 관념을 말하지 않기 때문이다."

"수보리여! 그대가 '여래는 신체적 특징을 원만하게 갖추지 않았기 때문에 가장 높고 바른 깨달음을 얻은 것이다.'라고 생각한다면, 수보리여! '여래는 신체적 특징을 원만하게 갖추지 않았기 때문에 가장 높고 바른 깨달음을 얻은 것이다.'라고 생각하지 말라.

이 장에 와서는 다시 앞의 신체적 특징을 떠난 여래란 말에 대해 혹 집착하여 오해할까 봐 반대의 질문을 한다. 즉 모양으로써 법신을 볼 수 없다 하고 또 음성으로써 부처를 구하려는 것도 삿된 짓이라고 한 앞의 말을 듣고 '그렇다면 부처의 과위果位는 오로지 일체 형상이 없고 조작이 없는 무위無爲의 경지일 뿐이다. 그러므로 복덕의 업은 아무리 닦는다 하여도 모양 있는 과위만 얻지 않겠는가? 이는 참부처가 아니므로 결국 모양이 없는 참부처는 복덕과는 관계가 없는 것이 되고 마니 복덕을 닦아 보리를 이루려는 것은 헛된 일이지 않을까?' 하는 의심을 막는 내용이다.

신체적 특징으로 여래를 볼 수 없다고 해서 신체적 특징을 얻는 원인이 되는 복덕을 부정하여서도 안 된다는 것이다. 이는 치우친 생각 곧 편견을 가져서는 안 된다는 것이다. 일반적으로는 사물에 대한 논리 전개의 가부를 판단하는 식으로 해 나가는 것이 통례이긴 하지만 깨달음을 직접적으로 체험하는 분상에서는 논리로 판단하는 것은 금물이다. 또 불교는 중도를 천명하여 깨달음의 진리를 나타낸다. 그러므로 중도실상의 경지는 양변兩邊을 회통會通하여 모두 버리고 모두 취하는 초논리의 세계가 된다.

"수보리여! 그대가 '가장 높고 바른 깨달음의 마음을 낸 자는 모든 법이 단절되고 소멸되어 버림을 주장한다.'고 생각한다면, 이런 생각을 하지 말라. 왜냐하면 가장 높고 바른 깨달음의 마음을 낸 자는 법에 대하여 단절되고 소멸된다는 관념을 말하지 않기 때문이다."

『금강경』의 핵심인 공의 본질적 요지가 바로 이와 같다. 법이 반드시 있다고 주장하면 상견常見에 떨어지고 없다고 주장하면 단견斷見에 떨어진다. 이 두 견해에 떨어지는 것을 부처님은 사견邪見이라 하였다. 아누다라삼먁삼보리의 마음을 낸 사람은 상견에도 떨어지지 않고 단견에도 떨어지지 않는다는 것이다. 특히 이 분에서는 단멸이 없다 하여 단견에 빠지는 것을 경계하였다.

※ 정견과 사견

불교의 근본 교리에서 정견과 사견은 인과의 이치를 바로 알고 모르는 차이라 할 수 있다. 인과의 이치를 정면 부정하는 것을 발무인과撥無因果라 한다. 이는 외도의 소견으로 인과를 믿지 않고는 불교의 수행을 할 수 없는 것이다. 그러나 인과를 믿는다 하더라도 그릇된 견해를 일으키면 이 역시 사견이 된다. 진리의 본체가 무엇인가? 또 그 본체는 어떠한가에 대하여 어느 한쪽에 치우친 견해를 갖는 것을 경계한다. 가령 일체를 부정하여 모든 것이 없다는 무의 견해에 사로잡히면 이는 단견이 된다. '사람이 죽으면 그만이다. 내세고 뭐고 없는 것이다'라는 생각을 갖고 있다면 이것이 바로 단견이다.

반대로 무조건 어떤 상황이 존재하여 있다는 쪽으로만 치우치는 소견을 상견이라 한다. '내세는 반드시 있는 것이고 어떤 불멸의 존재가 영원히 존속한다'는 생각에 사로잡힌 경우이다. 이 단견과 상견에 빠지는 것을 불법 밖의 외도라 한다.

『금강경』에서 설하는 공에 대해서도 자칫 공하다는 한쪽으로만 치우친 생각을 하면 단견에 빠질 위험이 있는 것이다. 그래서 공하다는 것마저 공하다는 구공의 설이 나오게 된 것이다. 공에만 치우칠 때는 악취공惡取空이라 하여 이런 관념에 빠지는 것을 금기시킨다. 있다 없다의 상대적 입장인 유有와 무無가 서로 회통會通되는 데서 중도가 나온다. 말하자면 진공묘유眞空妙有가 있는데 이것이 중도실상의 이치이다. 불교의 정견은 중도를 바로 아는 데 있다.

28장

탐착 없는 복덕

二十八. 不受不貪分
불수불탐분

須菩提 若菩薩 以滿恒河沙等世界七寶 持用布施
수보리 약보살 이만항하사등세계칠보 지용보시
若復有人 知一切法無我 得成於忍 此菩薩 勝前菩
약부유인 지일체법무아 득성어인 차보살 승전보
薩所得功德 須菩提 以諸菩薩 不受福德故 須菩提
살소득공덕 수보리 이제보살 불수복덕고 수보리
白佛言 世尊 云何菩薩 不受福德 須菩提 菩薩 所
백불언 세존 운하보살 불수복덕 수보리 보살 소
作福德 不應貪着 是故 說不受福德
작복덕 불응탐착 시고 설불수복덕

"수보리여! 보살이 항하의 모래 수만큼 세계에 칠보를 가득 채워 보시한 다고 하자. 또 어떤 사람이 모든 법이 무아임을 알아 인욕을 성취한다고 하자. 그러면 이 보살의 공덕은 앞의 보살이 얻은 공덕보다 더 뛰어나다. 수보리여! 모든 보살들은 복덕을 누리지 않기 때문이다."
수보리가 부처님께 여쭈었습니다.
"세존이시여! 어찌하여 보살이 복덕을 누리지 않습니까?"
"수보리여! 보살은 지은 복덕에 탐욕을 내거나 집착하지 않아야 하기 때문에 복덕을 누리지 않는다고 설한 것이다."

"수보리여! 보살이 항하의 모래 수만큼 세계에 칠보를 가득 채워 보시한다고 하자. 또 어떤 사람이 모든 법이 무아임을 알아 인욕을 성취한다고 하자. 그러면 이 보살의 공덕은 앞의 보살이 얻은 공덕보다 더 뛰어나다. 수보리여! 모든 보살들은 복덕을 누리지 않기 때문이다."

이 장에 와서는 다시 복덕을 탐내어 보리를 얻으려는 것을 경계한다. 어느 것에도 집착을 가지지 않아야 한다는 것이 불교 수행의 중요한 요지이다.

갠지스 강변에 쌓인 모래 수만큼 많은 세계에 일곱 가지 보배를 가득 쌓아 그것으로 보시한 공덕과 일체 법이 '나'가 없는 줄 알아서 불생불멸하는 진리를 얻는 공덕을 비교하여 보배의 보시 공덕을 평가절하한 것은 무아의 이치를 알고 닦는 복덕이라야 법신을 증득하는 진정한 복덕이기 때문이다.

수보리가 부처님께 여쭈었습니다.
"세존이시여! 어찌하여 보살이 복덕을 누리지 않습니까?"

무아에는 인무아와 법무아가 있는데, 인무아는 '나'를 구성하는 실체가 없다는 뜻으로 곧 아공을 말하고, 법무아란 '나'를 중심으로 하는 주변의 객관상황들의 실체가 없다는 뜻으로 곧 법공法空을 말하는 것이다. 이는 유루의 복덕이 아닌 무루의 복덕을 밝혀 법신을 얻는 것이 무루의 인과因果임을 말하는 것이다. 다시 말해 '나'가 없는 무아의 이치를 통달하면 복덕에 탐착하지 않으므로 무루의 복덕을 성취하거니와 복덕에 탐착하는 것은 유루가 되어 무루의 법신을 얻지 못한다는 결론이 나오는 것이다.

"수보리여! 보살은 지은 복덕에 탐욕을 내거나 집착하지 않아야 하기 때문에 복덕을 누리지 않는다고 설한 것이다."

결국 부처님의 과위가 복덕과 관계없는 게 아니로되 복덕에 집착하지 않는 무루의 수행에서는 복덕을 받는다는 바가 없이 복덕을 성취한다는 것이다.

❀ 봄을 찾아 헤맨 사람
달마의 『사행론』에 무소구행無所求行이라는 말이 있다. 아무것도 원하지 않는 마음으로 자기 수행을 닦는다는 말이다. 사람이 누구나 소원을 가지고 사는 존재인데 어째서 이런 말을 하였을까? 그것은 일체 번뇌를 여읜 자성의 자리에서 보면 어떤 대상에 대해 마음 쓸 것이 없다는 관심觀心 공부의 차원에서 한 말이다. 다시 말해 마음이 모두 열려 성숙된 사람들에게는 무원無願의 생활이 이루어진다는 것이다. 또한 항상 비어 있는 마음이 본래의 참마음이라는 것이다. 그러면서도 텅 비어 있는 이 마음은 일체 공덕을 다 가지고 있다. 마음속에는 이미 본래 원하던 소원이 다 들어 있다는 말이다. 가령 사람이 행복을 추구하며 산다고 할 때 그 행복의 조건들이 외부의 객관경계에 달려 있는 것이라고 생각하지만 그렇지 않다는 것이다. 바꾸어 말하면 내 행복은 내 마음속에 이미 들어 있다는 말이다.

어떤 사람이 봄을 찾아 자기 집을 나섰다. 하루종일 산골짜기도 가보고 들판에 나가 봄을 찾았으나 봄은 보이지 않았다. 할 수 없이 걸음을 돌려 집으로 돌아왔더니 자기 집 마당가에 있는 매화가지에 꽃이 피어 있는 것이 눈에 띄었다. 반가운 마음으로 다가가 코로 향기를 맡다가 하루종일 찾아 헤매던 봄이 바로 꽃향기 속에 있다는 것을 깨달았다.

이 이야기는 인간이 추구하는 모든 가치가 자기 안에 있다는 것을 상징적으로 설해 놓은 이야기다. 이미 널리 알려진 유명한 선시禪詩를 통해 많이 회자되고 있다.

盡日尋春不見春　진일심춘불견춘
芒鞋遍踏隴頭雲　망혜편답롱두운
歸來笑撚梅花臭　귀래소연매화취

春在枝頭已十分   춘재지두이십분

날이 다하도록 봄을 찾아도 봄을 보지 못하고
짚신이 닳도록 이랑머리 구름만 밟고 다녔네
허탕치고 돌아와 매화꽃 피었기에 향기를 맡았더니
봄은 흠뻑 가지 위에 있었네

이 이야기는 서양의 동화극을 쓴 모리스 마테를링크의 『파랑새』 이야기와 매우 유사하다. 오누이인 치르치르와 미치르가 행복의 상징인 파랑새를 찾아 추억의 나라 미래의 나라를 꿈속에서 찾아다닌다. 그러나 찾고자 한 파랑새는 어디에도 없었다. 꿈에서 깨고 보니 집에서 키우던 파란 비둘기 한 마리가 보였을 뿐이었다.

29장

오고 감이 없는 여래

二十九. 威儀寂靜分
위 의 적 정 분

須菩提 若有人言 如來若來若去若坐若臥 是人 不
수보리 약유인언 여래약래약거약좌약와 시인 불
解我所說義 何以故 如來者 無所從來 亦無所去
해아소설의 하이고 여래자 무소종래 역무소거
故名如來
고명여래

"수보리여! 어떤 사람이 '여래는 오기도 하고 가기도 하며 앉기도 하고 눕기도 한다.'고 말한다면, 그 사람은 내가 설한 뜻을 이해하지 못한 것이다. 왜냐하면 여래란 오는 것도 없고 가는 것도 없으므로 여래라고 말하기 때문이다."

"수보리여! 어떤 사람이 '여래는 오기도 하고 가기도 하며 앉기도 하고 눕기도 한다.'고 말한다면, 그 사람은 내가 설한 뜻을 이해하지 못한 것이다.

 사람의 행동과 그 자세를 '위의威儀'라고 한다. 특히 가고 머물고 앉고 눕는 것을 네 가지 위의라 하여 이들 행위의 모습으로 사람의 활동양상을 나타낸다. 이 대목에 와서는 화신으로 이 세상에 왔다가 간 부처님의 자취를 법신의 입장에서 부정하여 여래는 오고 감이 없다고 하였다.
 이 점을 왜 강조하였는가 하면, 일체 상을 버려야 하는 경의 근본 대의에서 볼 때 보살들이 수행을 하여도 그 수행의 대가로 얻어지거나 나타나는 것은 아무것도 없기 때문이다.

왜냐하면 여래란 오는 것도 없고 가는 것도 없으므로 여래라고 말하기 때문이다."

그렇기 때문에 앞의 분에서 보살은 복덕을 받지 않고 탐하지 않는다 한 데 대하여 '그렇지만 보살이 이미 그만한 복덕을 닦았기 때문에 보살의 지위를 얻은 것이고 더 나아가 부처의 과위에 이르고 다시 열반에 들게 되는 것이니 이는 곧 복덕의 연속으로 부처님의 화신이 출현한 것도 복을 받는 현상이라고 볼 수 있지 않느냐?' 하고 의문을 제기한다. 이에 대해 화신으로 오고 감을 부처님의 내왕으로 보지 말아야 하며 참 부처인 법신은 오고 감이 없으며 또한 복덕을 받고 말고도 없다는 것을 밝혔다. 가고 옴이 없는 게 진정한 왕래요, 복을 받음이 없는 게 참으로 받는 것이 된다는 뜻이다.

『열반경』에서 '불신상주설佛身常住說'을 설하면서 달에 비유하여 달이 뜨고 지는 것을 이 세상에서 보면 오고 가는 것이라 볼 수 있으나 달 자체에서 보면 달은 항상 있는 것이어서 이 세상에서 졌다는 것은 저 세상에서 떴다는 것이라고 설한 「월유품月喻品」의 이야기가 있다. 이는 부처님의 몸이 열반에 들어도 화신의 자취가 사라지는 것일 뿐 법신은 생멸거래가 끊어져 오고 감이 없이 항상 머물고 있음을 말한 대목이다.

다음은 서산 스님의 오도송悟道頌이다.

髮白心非白　발백심비백
古人曾漏洩　고인증누설

今聞一聲鷄 금문일성계
丈夫能事畢 장부능사필

머리는 희어져도 마음은 늙지 않는다고
옛사람들이 일찍이 누설하더니
이제사 닭 우는 소리 한 번 듣고
장부가 할 일 능히 마쳤네

위의 시 중에 '머리는 희어져도 마음은 늙지 않는다'는 첫 구절의 뜻이 묘하다. 인연에 의해 태어난 육체는 생사가 있지만 마음 자체는 생사가 없다는 뜻이다. 지상에 있는 삼라만상이 모두 나이가 들지만 허공 자체, 아니 하늘은 나이가 들지 않는다. 허공 자체, 하늘이 이동을 할 수는 없는 것이다.

생사해탈이라는 불교의 목적은 깨달음과 함께 이루어진다. 따라서 꿈꾸던 사람이 잠을 깨면 몽경이 사라지듯 일체에서 벗어난 적멸의 경지를 『금강경』에서는 상이 없는 공으로 설명하고, 부처 자리는 허공 자체와 같이 텅 비어서 오고 가는 게 없다고 한다. 이를 무위법이라 하며, 불법은 무위법을 통달하는 것이 최우선이다.

❀ 의생신 이야기

중생의 몸은 오음신五陰身의 육체를 두고 몸이라 한다. 이 몸은 장소에 따른 공간 이동이 있다. 동쪽에 있던 사람이 서쪽으로 가면 동쪽에는 없고 서쪽에 와 있는 것이다. 그런데 의생신意生身이라는 용어가 있다. 글자 그대로 뜻에 의해 생기는 몸이라는 뜻이다. 의성신意成身이라 달리 말하기도 하는 이 몸은 쉽게 말하면 생각에 의해 생겨지는 몸으로 오온五蘊으로 구성되지 않고 굳이 말하자면 식온識蘊에 의해 만들어지는 몸이다. 사람이 잠자다 꿈을 꾸면 꿈속에 몸이 생겨 어디에 가기도 하고 또 무엇을 보고 듣고 하는 것이 있는 것처럼 부모에게 의탁해 태어나는 몸이 아닌 이 의생신도 업을 싣고 다닌다는 것이다.

이 의생신도 보살들의 경우 원력에 의해 생을 받을 때의 의생신이 있고, 범부 중생의 경우 중유中有의 기간에 업보에 의해 받게 되는 의생신이 있다고 한다.

부처님의 경우에는 이 의생신이 여의불如意佛이 되어 말 그대로 자유자재하여 시공을 초월한다. 그러므로 현상 조건들의 제약이 없다. 가도 감이 없고 와도 옴이 없는 것이다. 마치 방 밖에 있던 사람이 방 안으로 들어오면 몸이 밖에는 없고 방 안에 있는 것이 되지만 마음은 방 밖에도 있고 방 안에도 있어 오고 감이 없는 것이다. 따라서 앉아도 앉는 게 아니고 일어나도 일어나는 것이 아니다. 위의와 동작거지가 고요하면서 그대로 움직이고 움직이면서 그대로 고요한 것이다.

30장 부분과 전체의 참모습

三十. 一合理相分
일합이상분

須菩提 若善男子善女人 以三千大千世界 碎爲微塵
수보리 약선남자선여인 이삼천대천세계 쇄위미진
於意云何 是微塵衆 寧爲多不 甚多世尊 何以故 若
어의운하 시미진중 영위다부 심다세존 하이고 약
是微塵衆 實有者 佛則不說是微塵衆 所以者何 佛
시미진중 실유자 불즉불설시미진중 소이자하 불
說微塵衆 則非微塵衆 是名微塵衆 世尊 如來所說
설미진중 즉비미진중 시명미진중 세존 여래소설
三千大千世界 則非世界 是名世界 何以故 若世界
삼천대천세계 즉비세계 시명세계 하이고 약세계
實有者 則是一合相 如來說一合相 則非一合相 是
실유자 즉시일합상 여래설일합상 즉비일합상 시
名一合相 須菩提 一合相者 則是不可說 但凡夫之
명일합상 수보리 일합상자 즉시불가설 단범부지
人 貪着其事
인 탐착기사

"수보리여! 선남자 선여인이 삼천대천세계를 부수어 가는 티끌을 만든다면, 그대 생각은 어떠한가? 이 티끌들이 진정 많겠는가?"
"매우 많습니다, 세존이시여! 왜냐하면 티끌들이 실제로 있는 것이라면 여래께서는 티끌들이라고 말씀하지 않으셨을 것이기 때문입니다. 그것은 여래께서 티끌들은 티끌들이 아니라고 설하셨으므로 티끌들이라고 말씀하신 까닭입니다.
세존이시여! 여래께서 말씀하신 삼천대천세계는 세계가 아니므로 세계라 말씀하십니다. 왜냐하면 세계가 실제로 있는 것이라면 한 덩어리로 뭉쳐진 것이겠지만, 여래께서 한 덩어리로 뭉쳐진 것은 한 덩어리로 뭉쳐진 것이 아니라고 설하셨으므로 한 덩어리로 뭉쳐진 것이라 말씀하셨기 때문입니다."
"수보리여! 한 덩어리로 뭉쳐진 것은 말할 수가 없는 것인데 범부들이 그것을 탐내고 집착할 따름이다."

"수보리여! 선남자 선여인이 삼천대천세계를 부수어 가는 티끌을 만든다면, 그대 생각은 어떠한가? 이 티끌들이 진정 많겠는가?"

이제까지 부처님 말씀을 들어온 수보리에게 다시 의심이 하나 일어났다. 그것은 '모양 없는 법신과 모양 있는 화신이 같은가 다른가?' 하는 것이다. 이 의심을 풀어 주기 위해서 부처님은 삼천대천세계와 티끌을 비유하여 법신과 화신의 관계를 설명한다.

"매우 많습니다, 세존이시여! 왜냐하면 티끌들이 실제로 있는 것이라면 여래에서는 티끌들이라고 말씀하지 않으셨을 것이기 때문입니다. 그것은 여래에서 티끌들은 티끌들이 아니라고 설하셨으므로 티끌들이라고 말씀하신 까닭입니다.

전체의 한 덩어리인 삼천대천세계가 법신의 입장이라면 이것을 부수어 만든 작은 티끌은 화신의 입장이다. 전체를 이루고 있는 작은 부분이라 할 수 있는 티끌이 삼천대천세계를 부술 때 무수한 수량으로 팽창되지만 아무리 많은 수로 늘어난다 하더라도 한 덩어리인 전체의 범위를 넘어설 수는 없다. 다시 말해 전체를 떠나 독립하는 개체로의 티끌이 있을 수 없다는 것이다.

세존이시여! 여래께서 말씀하신 삼천대천세계는 세계가 아니므로 세계라 말씀하십니다. 왜냐하면 세계가 실제로 있는 것이라면 한 덩어리로 뭉쳐진 것이겠지만, 여래께서 한 덩어리로 뭉쳐진 것은 한 덩어리로 뭉쳐진 것이 아니라고 설하셨으므로 한 덩어리로 뭉쳐진 것이라 말씀하셨기 때문입니다."

모든 현상의 차별은 모양으로 보는 관점에서 일어나는 것이지만 모양을 떠난 공의 이치에서 보면 텅 비어 아무런 차별상이 없다. 차별을 떠난 이 실상의 세계는 전일적全一的인 것으로 차별 경계에서 부르던 명상을 벗어난다.

"수보리여! 한 덩어리로 뭉쳐진 것은 말할 수가 없는 것인데 범부들이 그것을 탐내고 집착할 따름이다."

따라서 법신과 화신은 떨어질 수 없고 세계와 티끌이 현상 속에서는 나눠지는 차별상이므로 같은 것으로 볼 수 없다. 또 티끌이 없으면 세계가 없고 세계가 없으면 티끌이 없어 상대적 관계 속에 서로 존재하므로 존재의 본질에서 볼 때 삼천대천세계는 세계가 아니며 티끌은 티끌이 아니다. 관념의 집착으로 분별하는 세속제의 차원으로 제일의 제第一義諦의 이치를 논하는 것은 금물이다.

❀ 사구를 여의고 백비를 끊는다.

『금강경』의 논조는 그 대표적인 표현이 '~가 ~가 아니고 이름이 ~이다'라는 말이다. 앞에서 일본의 선학자 스즈키 다이세츠가 이를 즉비卽非사상이라 말한다고 했다. 어떤 관념 속에서 규정하는 사물에 대한 편견을 부정하는 말이다. 어떤 사물이나 상황을 규정할 때 세우는 네 가지 논조論調가 있다. 이를 근본 사구四句라고 한다. 있다[有]·없다[無]·하나다[一]·하나가 아닌 여럿이다[異]의 네 가지로써 논조의 틀을 세운다. 이 4구를 부정하면 비유非有·비무非無·비일非一·비이非異가 되고 또 앞의 4구와 부정된 4구를 합하여 말하면, 있으면서 있지 않다는 유비유有非有와 없으면서 없지 않다는 무비무無非無, 그리고 하나이면서 하나가 아닌 일비일一非一과 다르면서도 다르지 않는 이비이異非異의 논조를 만든다. 다음에는 이 긍정과 부정을 다시 합친 것을 다시 부정하는 비유비비유非有非非有, 곧 있는 것도 아니고 있지 아니한 것도 아니다 라는 논조를 세운다. 마찬가지로 비무비비무非無非非無, 비일비비일非一非非一, 비이비비이非異非非異의 논조를 다시 만들어 근본 4구에 네 가지 긍정과 부정을 번갈아 세우면 16논조가 나온다. 이를 단사구單四句, 복사구複四句, 구족사구具足四句, 절언사구絶言四句라 부른다. 이 16구를 과거 · 현재 · 미래의 삼세에 배합하여 48구를 세워 이미 일어난 것과 일어나지 않은 두 경우에 다시 배합 96구를 만든다. 이 96에 근본 4구를 합쳐 100으로 수를 맞추어 백비설百非說을 세웠다. 이는 논리적 규정을 세울 수 있는 어떤 범주를 모두 망라하는 전체의 범위를 나타내는 말이다. 『대승기신론』에 설해져 있는 내용이다.

  이 백비百非를 끊는다는 말은 어떤 논리적 규정도 진리의 본체에는 적중하지 못한다는 뜻을 나타낸다. '말로 미치지 못하고 생각으로 궁리할 수 없는 것[言之不可及 思量不到處]'임을 강조하는 말이다. 『금강경』의 무상법문無相法門은 이러한 이치에 입각해 설해진 것이다.

31장
내지 않아야 할 관념

三十一. 知見不生分
지견불생분

須菩提 若人言 佛說我見人見衆生見壽者見 須菩提
於意云何 是人 解我所說義不 不也世尊 是人 不解
如來所說義 何以故 世尊說我見人見衆生見壽者見
卽非我見人見衆生見壽者見 是名我見人見衆生見
壽者見 須菩提 發阿耨多羅三藐三菩提心者 於一
切法 應如是知 如是見 如是信解 不生法相 須菩提
所言法相者 如來說卽非法相 是名法相

"수보리여! 어떤 사람이 여래가 '자아가 있다는 견해, 개아가 있다는 견해, 중생이 있다는 견해, 영혼이 있다는 견해를 설했다.'고 말한다면, 수보리여! 그대 생각은 어떠한가? 이 사람이 내가 설한 뜻을 알았다 하겠는가?"

"아닙니다, 세존이시여! 그 사람은 여래께서 설한 뜻을 알지 못한 것입니다. 왜냐하면 세존께서는 자아가 있다는 견해, 개아가 있다는 견해, 중생이 있다는 견해, 영혼이 있다는 견해가 자아가 있다는 견해, 개아가 있다는 견해, 중생이 있다는 견해, 영혼이 있다는 견해가 아니라고 설하셨으므로 자아가 있다는 견해, 개아가 있다는 견해, 중생이 있다는 견해, 영혼이 있다는 견해라고 말씀하셨기 때문입니다."

"수보리여! 가장 높고 바른 깨달음을 얻고자 하는 이는 일체법에 대하여 이와 같이 알고, 이와 같이 보며, 이와 같이 믿고 이해하여 법이라는 관념을 내지 않아야 한다. 수보리여! 법이라는 관념은 법이라는 관념이 아니라고 여래는 설하였으므로 법이라는 관념이라 말한다."

"수보리여! 어떤 사람이 여래가 '자아가 있다는 견해, 개아가 있다는 견해, 중생이 있다는 견해, 영혼이 있다는 견해를 설했다.'고 말한다면, 수보리여! 그대 생각은 어떠한가? 이 사람이 내가 설한 뜻을 알았다 하겠는가?"

"아닙니다. 세존이시여! 그 사람은 여래께서 설한 뜻을 알지 못한 것입니다.

사람은 자기 마음속에서 사물을 인식하고 분별하는 관념의 고집이 있다. 흔히 말하는 고정관념이라는 것이 실상의 진리를 미혹하는 장본인이다. 이 잘못된 고집이 자기중심의 집착에서 비롯된 네 가지로 설명되고 있다. 그러나 이러한 견해들이 모두 망견妄見일 뿐 실상을 바로 아는 지혜의 경계가 아니다. 이 망견이 허물이 되어 온갖 알음알이를 짓고 갖가지 의혹을 일으킨다.

왜냐하면 세존께서는 자아가 있다는 견해, 개아가 있다는 견해, 중생이 있다는 견해, 영혼이 있다는 견해가 자아가 있다는 견해, 개아가 있다는 견해, 중생이 있다는 견해, 영혼이 있다는 견해가 아니라고 설하셨으므로 자아가 있다는 견해, 개아가 있다는 견해, 중생이 있다는 견해, 영혼이 있다는 견해라고 말씀하셨기 때문입니다."

여기에서 말한 네 가지 고집된 견해는 아집과 법집에서 일어난 것으로 자아중심의 이기적 집착이 밖의 객관 대상에까지 영역을 확대하여 현상의 거짓된 모습에 집착하여 공적한 실상의 이치를 모르는 미혹의 어리석음에 불과하다. 마치 거울 속에 비친 물체의 허상을 실물이라고 고집하는 것과 같은 경우다. 망상적 분별을 없애야 여여한 진여의 세계에 들어갈 수 있는데 지견知見에 의한 의혹이 자꾸 일어나 제일의제를 요달하지 못하는 폐단에 대해서 설해 놓았다.

"수보리여! 가장 높고 바른 깨달음을 얻고자 하는 이는 일체법에 대하여 이와 같이 알고, 이와 같이 보며, 이와 같이 믿고 이해하여 법이라는 관념을 내지 않아야 한다. 수보리여! 법이라는 관념은 법이라는 관념이 아니라고 여래는 설하였으므로 법이라는 관념이라 말한다."

부처님께서 아누다라삼먁삼보리의 마음을 낸 사람은 법에 대한 관념의 고집을 내지 않는다 하였으며 법에 대한 관념의 고집이라는 말을 개념화하여 그 개념 속에 갇힐까 봐 법에 대한 관념의 고집이 법에 대한 관념의 고집이 아니라고 하였다. 정반正反의 논리로 상황을 규정하는 자체가 관념의 고집인 법상法相을 이루므로 말에 상을 만드는 것을 철저히 배격한다.

❀ 야보도천 선사의 송

千尺絲綸直下垂　천척사륜직하수
一波纔動萬波隨　일파재동만파수
夜靜水寒魚不食　야정수한어불식
滿船空載月明歸　만선공재월명귀

낚시 줄 길게 아래로 드리우니
파도 물결 움직여 만파가 일었네
밤은 고요하고 물은 찬데 고기가 물지 않아
빈 배에 달빛만 가득 싣고 돌아오누나

『금강경오가해』에 수록된 야보도천 선사의 송頌이다.
　어떤 사람이 가을 달밤에 배를 타고 고기를 낚으러 바다에 갔다. 긴 낚싯줄을 바닷물에 넣어 놓고 고기가 물기를 기다렸다. 파도가 일어 천파만파로 번진다. 일렁이는 파도 속에 시간은 흘러 밤이 깊었다. 고요한 밤의 적막 속에 일렁이는 파도만 달빛에 반짝거린다. 냉냉한 기온에 바닷물도 차가워 보인다. 그런데 아무리 기다려도 고기가 낚이지 않는다. 한 마리의 고기도 낚지 못하고 할 수 없이 빈 배로 돌아오는데 배안에 달빛만 가득하다. 만선의 꿈이 사라지고 달빛만 낚은 셈이 되고 말았다.

  이 시가 상징적으로 시사示唆하는 바가 매우 크다. 우선 낚시를 하는 행위 자체가 묘하다. 영국의 시인 D.H 로렌스는 인생을 '세월의 강물 속에 꿈을 낚는 낚시꾼'이라고 말했다. 이 세상에 와서 무언가 성취해 보려고 애쓰는 인간의 욕구가 기실 낚시꾼과 다를 바 없다. 파도는 세파라고 할까 아니 우리들 번뇌 망상을 파도로 보면 된다. 한 생각 일어난 것이 생사의 업이고, 이 한 생각이 연쇄반응으로 번져 식심識心의 분별이 떠날 날이 없게 되었다. 그럼에도 이 식심은 아무것도 얻는 게 없다. 텅 빈 것일 뿐이다. 비어 고요한 그 자리에 내 실존의 본질이 있는 것이다.

32장 관념을 떠난 교화

三十二. 應化非眞分
응화비진분

須菩提 若有人 以滿無量阿僧祇世界七寶 持用布
수보리 약유인 이만무량아승기세계칠보 지용보
施 若有善男子善女人 發菩薩心者 持於此經 乃至
시 약유선남자선여인 발보살심자 지어차경 내지
四句偈等 受持讀誦 爲人演說 其福勝彼 云何爲人
사구게등 수지독송 위인연설 기복승피 운하위인
演說 不取於相 如如不動 何以故 一切有爲法 如夢
연설 불취어상 여여부동 하이고 일체유위법 여몽
幻泡影 如露亦如電 應作如是觀
환포영 여로역여전 응작여시관
佛說是經已 長老須菩提 及諸比丘比丘尼 優婆塞
불설시경이 장로수보리 급제비구비구니 우바새
優婆夷 一切世間天人阿修羅 聞佛所說 皆大歡喜
우바이 일체세간천인아수라 문불소설 개대환희
信受奉行
신수봉행

"수보리여! 어떤 사람이 한량없는 아승기 세계에 칠보를 가득 채워 보시한다고 하자. 또 보살의 마음을 낸 어떤 선남자 선여인이 이 경을 지니되 사구게만이라도 받고 지니고 읽고 외워 다른 사람을 위해 연설해 준다고 하자. 그러면 이 복이 저 복보다 더 뛰어나다. 어떻게 남을 위해 설명해 줄 것인가? 설명해 준다는 관념에 집착하지 말고 흔들림 없이 설명해야 한다. 왜냐하면

일체 모든 유위법은 꿈·허깨비·물거품·그림자
이슬·번개 같으니 이렇게 관찰할지라."

부처님께서 이 경을 다 설하시고 나니, 수보리 장로와 비구·비구니·우바새·우바이와 모든 세상의 천신·인간·아수라들이 부처님의 말씀을 듣고 매우 기뻐하며 믿고 받들어 행하였습니다.

"수보리여! 어떤 사람이 한량없는 아승기 세계에 칠보를 가득 채워 보시한다고 하자. 또 보살의 마음을 낸 어떤 선남자 선여인이 이 경을 지니되 사구게만이라도 받고 지니고 읽고 외워 다른 사람을 위해 연설해 준다고 하자. 그러면 이 복이 저 복보다 더 뛰어나다.

일곱 가지 보배를 보시하는 복보다 사구게를 지니는 복이 더 낫다는 말은 『금강경』의 주장을 대변하는 것이다. 즉 법신의 무루공덕을 성취해야 된다는 말이다.

일체 집착을 떠난 공 속에서 얻는 반야대지般若大智는 유위법에서 일어나는 인연 생멸의 변화가 없는 절대의 경지이다. 세속적 가치 기준인 유루복을 지어 얻을 수 있는 것이 아니다. 그런데 '사구게의 설법이 화신 부처님이 설한 것이 아니냐? 그리고 화신과 법신이 같은 것도 아니고 다른 것도 아니라 하지 않았느냐?' 하는 의문을 제기하면서 '만약 앞 분에서 말한 대로라면 화신 설법인 사구게를 지닌다 해도 소용없는 일이 될 수 있지 않을까?' 하는 생각을 막아주기 위하여 다시 사구게의 수지를 강조하면서 권장하는 것이다.

보살의 마음을 낸 사람이 관념적인 고집을 가지지 말고 겉모양에 걸림 없이 여여하여 동요됨 없이 설한다고 하였다. 이렇게 설하면 곧 화신의 설법이 법신에 계합하므로 화신 설법을 통하여 법신을 증득하게 된다는 것이다.

어떻게 남을 위해 설명해 줄 것인가? 설명해 준다는 관념에 집착하지 말고 흔들림 없이 설명해야 한다. 왜냐하면
　일체 모든 유위법은
　꿈·허깨비·물거품·그림자
　이슬·번개 같으니
　이렇게 관찰할지라."

'다음 행·주·좌·와의 위의가 고요해진 적멸 곧 열반에 들어 있는 부처님이 여여히 동요치 않고 법을 항상 설하는 화신의 입장을 동시에 취할 수 있을까? 다시 말해 적멸에 들었으면 어떻게 법을 설할 수 있느냐?' 하는 의문을 게송으로 밝혔다. 여섯 가지 비유로 유위법의 허망성을 밝혀 실상자리에서 보는 유위법은 그 허망성이 벗겨지므로 유위법이 유위법이 아닌 적멸의 모습으로 이 속에서 바로 법이 설해진다는 뜻을 말했다. 이는 적멸과 설법이 둘이 아닌 불이不二의 법문으로, 침묵이 말씀이고 말씀이 침묵이라는 것으로, 법신의 체에서

화신의 용이 나오기 때문에 법신의 설법에서 화신의 설법이 나온다는 이치를 설명한 것이다.

따라서 화신의 설법이 법신의 설법이므로 언설로 설해진 설법의 배후에는 언제나 말없는 법신의 설법이 있다. 때문에 명상으로 설하는 설법은 참 설법이 아니며, 모든 현상의 행위가 화신 쪽에서 보면 동적인 것이지만 법신 쪽에서 보면 고요한 정적일 뿐이다. 일체 현상의 행위가 중지된 이 자리를 무상無相이라 하며 『금강경』은 시종일관이 무상법문을 설해 놓았다.

부처님께서 이 경을 다 설하시고 나니, 수보리 장로와 비구 · 비구니 · 우바새 · 우바이와 모든 세상의 천신 · 인간 · 아수라들이 부처님의 말씀을 듣고 매우 기뻐하며 믿고 받들어 행하였습니다.

지금까지 부처님과 수보리의 대화 형식으로 전개된 『금강경』의 설법이 일단락되었다. 이에 법회에 모여 이 법문을 듣고 있던 모든 대중이 기쁜 마음이 되어 만족스러워하는 장면으로 경전이 마무리된다.

부처님과 수보리 사이에서 주고받은 문답이 다른 대중이 잠자코 듣고 있는 가운데서 진행된 것이다. 비구 · 비구니 · 우바새 · 우바이를 사부대중四部大衆이라 한다. 이는 교단을 구성하는 네 부류의 사람들이다. 출가대중을 남녀로 나누어 비구 · 비구니라 하고, 재가대중을 남녀로 구분 우바새 · 우바이라 한다. 우바새를 근사남近事男 혹은 청신사淸信士라 번역하고, 우바이를 근사녀近事女 혹은 청신녀淸信女로 번역하기도 한다. 삼보를 가까이서 섬긴다는 뜻에서 근사近事라 하고 깨끗한 믿음을 가진 사람이라는 뜻에서 청신淸信이라 하는 것이다.

　인간세상 사람뿐만 아니라 천신이나 아수라들도 부처님의 설법을 들을 수 있다 하여 부처님이 설법하는 장소에 천신과 아수라들이 등장하는 장면이 대승경전 말미에 두루 나타난다.

『금강경』의 결론

『금강경』은 결론적으로 말해 공을 설해 놓은 법문이다. 일체 상을 떠나 비어진 상태가 되어 시비와 분별을 초월하여 삶의 본질에 있는 순수 그 자체에 돌아가라는 가르침이다. 주객의 대립으로 야기된 집착의 모순을 극복하기 위해서는 우선 객관 대상에 대한 관념적인 고집을 가지지 말아야 한다는 것이다.

다시 말해 편견이나 고정관념에 묶여 있으면 사물의 진상을 바로 볼 수 없다는 것이다. "모든 것을 공으로 보라"고 했듯이 이 공을 통해 반야를 체득해야 한다. 눈에 보이는 모든 현상계를 공한 것이라 생각하고 실체가 없는 것을 있는 것이라고 생각해 고집을 일으키면 안 된다. 『화엄경』에도 "만약 사람이 부처의 경지를 알려고 하거든 마땅히 생각을 허공처럼 비워 맑게 하라[若人欲識佛境界 當淨其意如虛空]" 하였다. 그러나 비워진다는 것이 쉬운 일이 아니다. 중생들의 업은 쌓아가고 채워가는 쪽으로 일어난다.

예를 들어 말하면 집을 짓고 방을 만들어 그 안에 필요한 물건들을 비치하고 살듯이 정신적으로도 하나의 관념적인 생각의 울타리를 만들어 놓고 그 안에 이것저것 온갖 번뇌의 꾸러미를 쌓아 놓고 사는 것이다. 하지만 공이 던져주는 메시지는 모든 현상은 실체가 없는 가상이라 실상은 비어 있다는 사실을 알라고 한다.

인연에 의하여 나타난 현상이 인연이 흩어지면 없어지는 것이므로 모든 존재는 공의 배경을 가지고 있고 그 공이 없으면 존재하지 못하게 된다. 그런가 하면 비어 있다는 말은 모든 인연 발생의 가능성을 다 가지고 있는 뜻이다. 빈 터에 집을 지을 수 있고 빈자리에 앉을 수 있으며 빈 그릇에 음식을 담을 수 있는 것이다. 뿐만 아니라 모든 현상은 비어 있는 상태로 환원되어야 본래의 모습을 나타내게 된다.

사람이 앉지 않은 의자가 의자의 본래 모습이며 음식을 담지 않은 그릇이 그릇의 본래 모습이다. 물론 의자나 그릇도 본래는 없는 것이다.

'본래 아무것도 없었다[本來無一物]'는 선가의 말도 공에서 파생된 말이다. 깨달음의 비유는 곧잘 꿈을 통해서 설명된다. 꿈속에서의 몽경은 있는 것이지만 깨고 난 뒤에는 없는 것이다. 인연이 닿아 일어난 현상이 몽경이라면 몽경은 실제로 있는 게 아니므로 몽경이 실경實境이 아닌 줄 알라는 것이 『금강경』의 무상법문無相法門의 요지이다.

꿈속의 몽경이 깬 상태에서는 없는 것이므로 실경이 아니듯이 관념의 분별에 의하여 만들어진 상이 거짓상에 불과하므로 상이 아니다. 이렇기 때문에 '무엇이, 무엇이 아니고 이름이 무엇이다'는 즉비即非의 논리를 거듭해서 설해 놓았다.

가상을 부정하여 진상을 드러내기 위한 부득이한 논조를 경에서 빈번히 쓰고 있는 것이다. 다만 이 부정이 부정으로 끝나는 게 아니라 긍정으로 전환되기에 그 이치를 살펴야 한다. 비非를 말하는 것은 시是를 말하기 위한 방편이다. 비를 통해 공을 말하는 것은 시의 유有를 찾기 위한 방편이다. 이른바 진공묘유의 도리 이것이 『금강경』 핵심이다.

해제

해제

『금강경』은 『금강반야바라밀경』을 약칭하여 부르는 경 이름으로 때로는 『반야경』이라고도 한다. 이 경은 대승경전 가운데 비교적 문체가 간명하고 문장의 양이 많지 않아 지니고 읽기가 편한 경이다. 우리나라에서 가장 많이 읽어온 경이며, 세계 여러 나라에 널리 소개되고 유통되어 있는 경이다. 대장경 가운데 반야부에 속해 있는 경으로 600부 가운데 577권에 해당한다. 한역 번역본에 따라 『금강반야바라밀경』 앞에 '능단能斷'이나 '능할能割' 또는 '불설佛說'이라고 붙어 있기도 하다. 범어로 된 원래 이름은 『바즈라쳇디카 프라즈냐 파라미타 수트라Vájracchedikā prajñā pāramitā sūtra』이다. 이 제목의 뜻을 풀이하면 '금강과 같이 견고한 지혜로 번뇌를 끊고 피안에 이르게 하는 진리의 말씀'이라는 뜻이다. 범본이 남아 있어 범어 원전이 연구되고 있기도 하다. 옛날부터 중국에서 한역을 연구한 사람들은 이 경이 대승법을 설하기 시작한 경이라고 교상판석教相判釋하여 대승시교大乘始教라고 하였다.

부처님께서 아함부와 방등부의 경전을 설한 후 반야부를 설하셨다 하여 『금강경』은 부처님 일대시교一代時教 가운데 시기적으로 중기에 설했다고 믿어온 경이다.

328

중국의 선종에서도 이 경을 특히 중시해 왔다. 불립문자不立文字를 표방하는 선가에서 이 경을 중요시했다는 것은 이 경 속에 선수행에 필요한 선지禪旨가 녹아 있기 때문이다. 특히 중국 선종의 5조 홍인弘忍 스님은 『금강경』을 수지 독송할 것을 권장하였으며, 6조 혜능慧能에게 『금강경』을 설해 주면서 법을 전하였다고 알려져 있다. 6조 스님은 이 경에 설해져 있는 '응당 머무는 바 없이 그 마음을 내라應無所住而生其心'는 한 구절을 듣고 마음이 열려 발심 출가하였다고 한다. 6조의 법문을 수록한 『육조단경』에는 『금강경』의 대의라 할 수 있는 반야바라밀법을 실천할 것을 강조하였다.

5조와 6조가 이 경을 중시해 온 이래로 선종에서도 이 경을 필독서로 여겨왔다. 그리하여 선종의 법맥을 계승한 우리나라 조계종에서는 유독 이 경의 이름 하나만 종헌에 넣어 소의경전으로 지목해 놓았다.

이 경이 우리나라에 전래된 것은 삼국시대 초기였으며, 널리 유통된 것은 고려시대 보조국사가 불교를 배우고자 하는 이들에게 이 경의 독송을 널리 권장해 온 이후로 더욱 많이 유통되었다.

『금강경』 한역본에는 여섯 가지가 있다. 구마라집(鳩摩羅什, 343~413)이 처음 번역한 이래 보리유지(菩提流支, 생몰연대 미상이나 508년에 인도에서 중국으로 옴), 진제(眞諦, 499~569), 급다(笈多, ?~619), 현장(玄奘, 602~664), 의정(義淨, 635~713)이 차례로 번역하였다. 이 중에서 진秦나라 때 402년에 구마라집이 번역한 본이 가장 널리 유통되었다.

『금강경』이 중국에 들어와 한역되고부터 이 경에 대한 연구가 매우 활발하게 이루어졌다. 조선조 초기 함허 스님이 쓴 『금강경오가해서설』에 의하면 함허 이전에 이미 800여 종의 주소註疏가 있었다 한다.

현재까지 전해지고 있는 주와 소의 서명書名은 한국, 중국, 일본의 3국에서 모두 200여 가지가 된다. 우리나라에서 판각된 목판본만도 20종이 넘는다. 현대에 와서도 『금강경』에 대한 많은 연구서들이 계속 발간되고 있는 실정이다.

서양에서도 이미 19세기 중엽 무렵부터 불교학이 일어나면서 불교경전이 영역되기도 했는데 『금강경』의 영역본으로는 막스 뮐러(Max Muller, 1823~1900), 에드워드 콘제(Edward Conze, 1904~1979)가 번역한 것이 유명하다. 제명은 모두 『다이아몬드 수트라Diamond Sutra』로 되어 있다.

『금강경』은 승가 교육의 중심이 되어온 전통 강원의 교과 과목 중 사교과四敎科에 들어 있는 한 과목으로 학습되어 왔다. 그런데 다섯 사람의 주소를 합쳐 만든 『금강경오가해』와 이에 함허 스님이 보충 설명을 한 설의說誼를 포함한 『금강경오가해설의』가 단연 백미이다. 이 『금강경오가해설의』로써 전통 강원에서는 『금강경』을 공부해 온 것이다.

오가해五家解의 저자를 연대순으로 말하면 양梁나라 때 부대사傅大士 흡(翕, 497~569)이 지은 『금강경찬金剛經贊』, 당나라 때 혜능(慧能, 638~713)의 『금강경해의金剛經解義』(일명 구결口訣), 규봉(圭峰, 780~841)의 『금강경찬요金剛經纂要』, 송나라 때 야보(冶父, 생몰연대 미상)의 『금강경송金剛經頌』, 그리고 종경(宗鏡, 생몰연대 미상)의 『금강경제강金剛經提綱』이다. 이에 함허가 오가해의 합본에 주석을 달아 보충 설명한 것이 설의이다.

오가해 중 가장 긴 설명을 하고 있는 것은 규봉의 '찬요'이다. '찬요'는 인도의 유식학파에 속한 무착(無着, Asánga)의 18주설十八住說과 세친(世親, Vasubandhu 혹은 天親이라 함)의 27단의설二十七斷疑說을 계승하여 철저하게 논리적으로 주석을 하였다. 규봉종밀圭峰宗密은 중국 화엄종의 5조로 화엄학의 대가였는데 선禪에도 조예가 있어 선교일치禪敎一致를 주장한 대표적인 인물이기도 하다. 그의 찬요는 유식사상에 입각해서 『금강경』을 해석한 것이다.

부대사는 중국의 남북조 시대에 생존했던 인물이다. 그는 당시의 사상적 배경 때문인지 『금강경』에 깔려 있는 공空사상을 노장학의 입장에서 해석한 경향이 있다. 그의 '찬贊'은 선의 풍조를 띠고 있으며 따라서 선의 측면에서 『금강경』을 해석했다고 볼 수 있다. 야보의 '송頌'도 모두 선시禪詩라 할 수 있는 것들이다. 부대사의 '찬'과 마찬가지로 교학적인 이론보다 선적인 입장에서 경을 해석하고 있다. 야보의 '송'은 착어를 먼저 붙이고 송을 읊어, 때로는 격외의 선지를 드날리기도 하였다. 육조의 '구결'은 매우 간결한 구어체로 현학적 수식이 전혀 없는 가장 평범하면서도 진솔한 면이 나타나 있다. 인간의 일상에서 행할 수 있는 모든 행위를 자비에 바탕을 두고 쉽게 실행할 수 있도록 가르치고 있다.

종경의 '제강'은 경의 대의를 파악해 중요한 요점을 끌어냈다고 해서 제강이라 했는데 소명 태자가 나눈 32분에 의거하여 각 분의 요지를 드러내 반야의 묘리를 선양했다. '제강' 역시 선적인 입장에서 경문을 해석한 점이 특이하다.

이 오가해는 언제 어디서 편찬되었는지 밝혀지지 않았지만 중국에서 송대 이후에 편찬되었다고 보는 것이 일반적인 견해다. 다만 함허의 '서설'과 '설의'가 부가되어 현재의 『오가해설의본』이 만들어진 것은 조선시대 초엽이다. 그리고 조선 성종 때에는 『금강경삼가해』를 엮어 전해지고 있는데 이는 오가해 중 야보의 '송'과 종경의 '제강' 그리고 함허의 '설의'를 한데 묶은 것이다. 구마라집의 역본에 '송'과 '제강'을 맞추어 쓰고 '설의'를 붙여 국문으로 번역을 하였다. 이는 오가해 중 설의를 가장 자세히 한 야보의 '송'과 종경의 '제강'을 별도로 간추린 것으로, 내용은 모두 오가해 안에 들어 있는 것이다.

『금강경』의 경문 내용을 살펴보면 우선 소명 태자의 32분 분류대로 전문을 나누었다. 표준 번역본에서는 32분의 이름도 현대적으로 바꾸어 말했는데 「법회의 인연」에서 「관념을 떠난 교화」에 이르기까지 부처님과 수보리의 문답 형식의 대화가 이루어진다.

어느 때 부처님께서 제자들과 함께 사위대성에 들어가 걸식을 하고 기수급고독원으로 돌아와 공양을 드신 뒤 가사와 발우를 거두고 발을 씻으신 다음 자리를 펴고 앉으셨다. 이때 수보리가 법을 묻는 질문을 한다.

"세존이시여 가장 높고 바른 깨달음을 얻고자 하는 선남자 선여인이 어떻게 살아야 하며 어떻게 그 마음을 다스려야 합니까?"

이 물음에서 『금강경』의 설법 내용이 전개되는 것이다. 수보리의 물음은 결국 부처가 되고자 하는 사람들의 삶의 자세와 수행 정신이 어떠해야 되는가를 물은 것이다. 이 물음에 대한 부처님의 대답과 부처님의 말씀을 들은 수보리가 다시 마음속으로 일으키는 의심과 또 그 의심을 풀어주기 위해서 부처님이 말씀해 주시는 내용으로 경의 전문이 이어지고 있다.

부처님이 열반에 드신 뒤 900년쯤 지난 4~5세기 사이에 북인도 간다라Gandhāra 지방에 무착이 출현하여 불교의 새로운 사상을 널리 선양하게 되었다. 무착은 원래 바라문 출신이었으나 출가하여 처음에는 소승화지부에 속해 있던 빈두라Piṇḍola를 따라 소승 공관空觀을 닦았다. 그러다가 나중에 아유차 지방에서 미륵(彌勒: Maitreya)보살의 설법을 듣고 대승의 법에 심취해 대승 법을 선양하기 시작하였다. 무착은 유가행파를 창시하고 유식사상을 체계화한 인물로 손꼽히고 있다.

이 무착이 『금강경』을 해석하려 하였으나 난해한 부분이 많아 어려움을 겪다가, 한번은 일광정日光定이라는 선정에 들어 도솔천에 올라가 미륵보살을 친견하고 『금강경』의 뜻을 물으니 미륵보살이 80수의 게송을 지어 『금강경』의 대의를 일러주었다. 그리하여 무착이 이 게송들에 의거하여 『금강반야바라밀경론』이라는 논論을 지었다.

또 무착에게 세친(혹은 천친)이라는 아우가 있었는데 이 세친도 일찍이 형과 함께 출가하여 설일체유부說一切有部의 설에 빠져 그 교의를 전문적으로 배우고, 많은 저술을 하고 대승을 비방하였다. 그는 대비바사론(大毘婆沙論: 아비달마대비바사론의 약칭)을 강의하여 소승이 옳다고 주장하다가 형 무착의 권유에 의해 마침내 대승으로 전향하여 『금강경』에 대한 논을 지었다.

세친이 지은 논도 제명이 『금강반야바라밀경론』인데, 형 무착이 지은 것을 의지해 지었다. 줄여서 모두 『금강반야경론』 혹은 『금강반야론』이라 부른다. 또 그들의 이름대로 형이 지은 것을 『무착론無着論』 아우 천친이 지은 것을 『천친론天親論』이라 하였다. 고래로 이 두 논은 한역 『금강경』 해석의 표준이 되었다.

이 두 논의 특징을 살펴보면 무착은 경 전문을 수행의 지위에 배대配對하여 18주를 세웠고, 천친은 27단의를 세워 경문의 뜻을 설명한다. 18주는 수행의 지위 점차에 따라 경문에 설해진 뜻을 연관지어 이 대목은 어느 수행 지위에 해당한다는 그 머무는 자리를 열여덟 군데로 나누어 말한 것이고, 27단의는 부처님과 수보리의 대화 속에 들어 있는 속뜻에 수보리가 의심을 일으키면 부처님이 끊어 주고 하는 것이 스물일곱 번이란 말이다.

『금강경』은 보통 양나라 무제의 태자였던 소명 태자(昭明太子: 성은 소蕭 이름은 통統)가 나눈 32분의 문단으로 그 내용의 줄거리를 이해해 왔으나 앞서 말한 18주와 27단의의 뜻을 알아야 『금강경』을 제대로 이해하는 것으로 보아왔다. 『조계종 표준 금강경』 해설을 하는 데 있어서도 이를 참고해 설명을 덧붙였다.

금강경과 공의 이해

예로부터 『금강경』의 대의를 '두 가지 집착을 부수고 세 가지 공을 나타내는 것[破二執現三空]'이라 말해 왔다. 『금강경』의 본문에 공空이라는 글자가 한 번도 등장하지 않는데도 『금강경』의 중심사상이 공사상이라고 말해 온 것은 상相을 떠난 것, 곧 관념의 고집을 떠난 것을 나타내는 말이 공이기 때문이다.

1) 공의 의미

공은 범어 순야(舜若, Śūnya)를 번역한 말이다. 모든 존재는 고립 독존하는 실체를 가지고 있는 것이 아니라는 뜻에서 나온 말이다. 자아가 없다는 무아설無我說에서 공이란 개념이 성립되었다. 일반적으로 비어 있는 상태, 아무것도 없는 상태로 설명되는 말이지만 존재의 본질을 밝힐 때 쓰는 용어가 되었다. 일체 법은, 인연 곧 존재하기 위한 조건에 의해서 있기 때문에 조건의 변화에 따라 변하는 것이라, 조건에서 벗어나 스스로 독립하여 존재할 수 있는 성품이 없다[無自性]는 뜻이다. 이는 불교의 근본 교리인 삼법인三法印에서 말하는 제법무아의 무아설과 맥락을 같이하면서, 시간의 흐름 속에서 볼 때 일정한 존재 형태의 항존성恒存性이 없다는 무상과 연결되어 나온 말이다. 『대품반야경』에 '무상이 곧 공이요, 공이 곧 무상이다[無常即是空 空即是無常]'라고 하였다.

그런데 이 공을 잘못 이해하면 허무나 단견斷見에 빠지는 병을 얻는 수가 있다. 곧 없다는 무의 뜻으로만 이해하면 무기공無記空, 편공偏空, 악취공惡取空에 떨어져 참된 공의 이치를 오해하게 되는 것이다. 이를 공병空病이라 한다.

이 공병은 공하다는 관념에 묶여 공에 집착된 경우를 두고 말한다. 이리하여 공하다는 것도 공하다는 공공空空이라는 말이 등장했다. 공도 또한 공하다고 보아야 한다는 것이다. 『지도론』에 '모든 것은 공한 것이며, 공한 것 또한 공하다고 보아야 한다[普觀諸法皆空 空亦復空]'는 말이 설해져 있다. 공하다는 관념에 빠져 거기에 집착된 것을 다시 타파하는 말이다. 다시 말해 공은 현상에 집착하는 폐단을 불식시키고

335

깨달음을 얻도록 하기 위해 설하는 것인데, 이 공하다는 생각이 또 하나의 집착이 되어 버린다면 공이 도리어 집착의 원인이 되어 애초에 제시한 공의 참뜻이 실종되어 버린다. 이렇기 때문에 다시 진공묘유설眞空妙有說이 등장한다.

진공묘유란 참으로 공해진 그 속에 미묘한 진리가 내재하여 공이 공으로 끝나는 것이 아니라는 뜻을 밝히는 말이다.

『금강경』 사구게를 두고 다시 말하면 앞의 2구인 '무릇 있는 바 형상은 모두 허망하다[凡所有相 皆是虛妄]'는 진공을 말한 것이요, 뒤의 2구인 '만약 모든 형상이 형상이 아닌 것으로 보면 곧 여래를 보리라[若見諸相非相 卽見如來]'한 말은 묘유를 나타내는 말이다. 이는 제법을 공으로 볼 때 공 아닌 본체의 참 진리가 보이게 된다는 뜻이다.

2) 공관, 가관, 중관의 삼관

제법의 이치를 세 가지 측면에서 관찰하게 하는 관법觀法으로 삼관설三觀說이 있다. 천태학에서는 삼제삼관三諦三觀이라 하는데 공관空觀은 인연으로 생긴 모든 존재가 자성이 없음을 관하는 것이며, 가관假觀은 비록 자성이 없는 공한 것이기는 하지만 연기의 차별된 세계는 임시로 나타나 존재하는 이상 공으로만 보지 말고 현상의 경계를 그대로 인정 수용하는 측면이다. 중관中觀은 공관과 가관을 서로 회통시켜 어느 한쪽에 치우치지 않게 하는 것이다. 이 공·가·중 삼관의 개념은 용수 보살의 중론中論에 의해서 성립된 것으로 삼론종이나 천태종에서 내세운 중요한 이론의 근거가 되었다. 비유하여 말하면 공관은 만유현상을 거울에 나타난 허상처럼 보는 것이고, 가관은 거울에 나타난 허상이 비록 실물이 아니나 보는 이는 시각에 들어와 차별을 느끼도록 하기에 그 허상이 허상대로 역할을 하는 것이다. 그리하여 차별의 허상을 그대로 인식하게 된다. 중관은 공관과 가관을 종합하여 융통시켜 보는 것이므로, 공관이나 가관의 어느 한쪽에 집착하지 않는 중도의 관이다.

용수 보살은 『중론』에서 여덟 가지 부정을 통해서 공의 이치와 중도를 설하는 팔부중도설八不中道說을 세웠다. 이는 불생不生, 불멸不滅, 불상不常, 부단不斷, 불일不一, 불이不異, 불거不去, 불래不來로 불不자를 여덟 번 사용하여 공을 설명하면서 상대적 양변을 모두 여읜 중도를 나타내었다.

3) 아공, 법공, 구공의 삼공

『금강경』에서의 공은 세 가지로 설명된다. 이 세 가지 공의 이치를 천명하기 위해서 『금강경』의 법문이 설해졌다는 것이다. 또한 이 공은 집착이 없어진 것을 뜻하는 말이기도 하다.

아공我空은 중생의 개체적 존재의 실체를 부정하는 말로 인무아人無我가 달리 표현된 말이다. 인간의 경우 곧 오온의 화합물인 것을 나라고 집착하는 그릇된 소견을 타파하는 말로써 주관적 상태의 존재 자체가 없다는 것이다.

법공法空은 객관적 상황의 실체를 부정하는 말이다. 법무아法無我를 달리 표현한 말로 주관에 인식되어지는 대상 자체가 공하다는 것을 설하여 경계에 집착하는 그릇된 소견을 타파한다.

구공俱空은 아공이나 법공에 집착하는 소견을 금기하여 아공도 공하고 법공도 공하다 하여 둘이 다시 부정 공에 떨어지는 것을 막는다. 이 역시 중도를 나타내는 말이다.

4) 석공과 체공

석공析空은 연기하여 일어난 현상은 어떠한 것도 다른 것을 의지해 일어난 의타기성依他起性에 불과하므로 개아의 실체가 없다는 것을 밝히는 공이다. 다시 말해 인연에 의하여 나타난 가상假相이므로 결국 그 가상을 분석해 보면 아무것도 없다는 뜻이다.

『중론』에 '인연에 의해 생긴 법은 나는 공한 것이라고 말하며, 또한 거짓 이름에 불과한 것이며, 또한 중도의 뜻이라고 말한다[因緣所生法 我說卽是空 亦爲是假名 亦是中道義]'라고 하였다.

체공體空은 모든 존재는 실상의 자리에서 볼 때는 아예 있는 것이 아닌 없는 것이라는 말이다. 여기서는 가유假有의 현상마저도 부정하여 가상의 존재 의미 자체를 빼앗아버리는 공이다. 가령 사람이 어떤 물체를 볼 적에 감각적으로 느끼는 모양이나 색깔 따위가 사람의 눈에만 그렇게 보여질 뿐 다른 짐승들의 눈에는 사람이 보는 것처럼 보이지 않는다면 그 보이는 물체가 어떤 고정된 모양이나 색깔이 없다는 것이다.

이상과 같이 공의 개념을 여러 가지 관점에서 설명하여 공의 이름을 다르게 구분해 말한다. 불교를 공교空敎라 말하듯이 공의 이해는 불교 이해의 중요한 의미가 되며 『금강경』은 바로 이 공의 이해를 통해 지혜를 완성하는 반야바라밀다의 성취를 기약하게 하는 법문이다.

부록

천친의 27단의
수보리가 일으킨 스물일곱 번의 의심

『금강경』 32분 중 제4 「묘행무주분」에서 부처님은 수보리에게 법에 머무는 바 없는 마음으로 보시를 행하라 하신다. 눈이 보는 대상이나 귀가 듣는 소리, 코가 냄새를 맡는 대상, 혀가 맛을 보는 대상, 몸이 느끼는 촉감, 기억의 대상 그 어디에도 마음을 사로잡히지 말고 보시를 할 것을 가르친다.

다시 말해 어떤 관념적 생각을 앞세우지 말고 보시를 해야 한다 하셨는데 이를 무주상보시無住相布施라 한다.

말씀을 들은 수보리가 일으키는 의심이 스물일곱 번이다.

1. 부처가 되려는 생각으로 보시함도 생각을 앞세우는 것이니 상에 머무는 바가 아닌가? 求佛行施住相疑

제5 여리실견분

2. 법이 너무 심오하여 중생들이 잘 믿을까? 因果俱深無信疑

제6 정신희유분

3. 상이 없다면 어떻게 법을 설할 수가 있나? 無相云何得說疑

　　　　　　　　　　　　　제7 무득무설분
　　　　　　　　　　　　　제8 의법출생분

4. 성문이 과위를 얻은 것도 취한 게 아닌가? 聲聞得果是取疑
　　　　　　　　　　　　　제9 일상무상분

5. 석가모니불도 연등불한테서 법을 듣지 않았는가? 釋迦燃燈取說疑
　　　　　　　　　　　　　제10 장엄정토분

6. 보살들이 불국토를 장엄하는 것도 얻음이 아닌가? 嚴土違於不取疑
　　　　　　　　　　　　　제10 장엄정토분

7. 보신을 이룬 것도 얻음이 있는 게 아닌가? 受得報身有取疑
　　　　　　　　　　　　　제11 무위복승분

8. 경을 지니더라도 괴로운 과보는 벗어나지 못하는 것이 아닌가?
　持說未脫苦果疑
　　　　　　　　　　　　　제12 존중정교분

9. 실체 없는 말로써 진여를 어떻게 얻을 수 있는가? 能證無體非因疑
　　　　　　　　　　　　　제14 이상적멸분

10. 진여가 없는 데가 없거늘, 왜 얻는 이가 있고 얻지 못하는 이도

있는가? 如遍有得無得疑

제14 이상적멸분

11. 머무르고 닦고 항복시키는 것도 '나'가 있어서가 아닌가?
    住修降伏是我疑

제17 구경무아분

12. 부처님의 인행 시도 보살이 아니었나? 佛因是有菩薩疑

제17 구경무아분

13. 원인이 없다면 부처도 법도 없는 것이 아닌가? 無因卽無佛法疑

제17 구경무아분

14. 아무도 중생을 제도하거나 국토를 장엄하지 못할 것이 아닌가?
    無人度生嚴土疑

제17 구경무아분

15. 부처님도 법을 보지 못했을 것이 아닌가? 諸佛不見諸法疑

제18 일체동관분

16. 복덕도 마음에 견주면 뒤바뀜이 아닌가? 福德例心顚倒疑

제19 법계통화분

17. 무위법이 어떻게 상호가 있을 수 있는가? 無爲何有相好疑

제20 이색이상분

18. 몸이 없으면 어떻게 법을 설하는가? 無身何以說法疑

제21 비설소설분

19. 법이 없다면 어떻게 닦고 증득할 수 있는가? 無法如何修證疑

제22 무법가득분

20. 설한 바가 무기인데 어떻게 성불의 인이 될 수 있는가?
    所說無記非因疑

제24 복지무비분

21. 평등하다면 중생을 제도할 필요가 있는가? 平等云何度生疑

제25 화무소화분

22. 상으로도 참 부처를 짐작할 수 있지 않는가? 以相比知眞佛疑

제26 법신비상분

23. 부처의 과위는 복덕과 관계없는 것이 되지 않는가?
    佛果非關福相疑

제27 무단무멸분

24. 화신이 나타나서 복을 받는 것이 아닌가? 化身出現受福疑

제29 위의적정분

25. 법신과 화신은 같은 것인가? 다른 것인가? 法身化身一異疑

제30 일합이상분

26. 화신의 설법이 복이 있을까? 化身說法無福疑

제32 응화비진분

27. 적멸에 들어 어떻게 법을 설하는가? 入寂如何說法疑

제32 응화비진분

무착의 18주

1. **발심주**發心住 32분 가운데 제3「대승정종분」에서 보살은 네 가지 마음 곧 광대심廣大心, 제일심第一心, 상심常心, 부전도심不顚倒心에 머물러야 한다고 가르친 부문으로 55위의 수행 지위에 배대하면 십신十信과 십주十住에 해당한다.

2. **바라밀상응행주**波羅密相應行住 바라밀에 부합되는 수행의 지위로, 제4「묘행무주분」에서 '보살은 법에 머물지 말고 보시를 행하라' 한 문장이다. 무주상보시를 실천하는 이 주住는 십행十行의 수행위 가운데 환희행歡喜行, 요익행饒益行, 무위역행無違逆行, 무진한행無瞋恨行, 이치란행離痴亂行, 선현행善現行의 여섯 지위에 해당한다.

3. **욕득색신주**欲得色身住 부처님의 색신을 만나는 지위로, 제5「여리실견분」에서 사구게를 설하면서 색신을 정의하는 부문으로 십행의 제7 무착행無着行에 해당한다.

4. **욕득법신주**欲得法身住 여래의 법신을 만나는 지위로, 제6「정신희유분」 언설장구를 말하는 문장의 언설법신言說法身과 제7「무득무설분」의

아뇩보리는 얻을 수도 없고 말할 수도 없다고 한 증득법신證得法身의 문장이다. 또 증득법신도 복상법신福相法身과 지혜법신智慧法身의 둘로 나누어지는데 제8 「의법출생분」에서 '부처님과 아누다라삼먁삼보리의 법이 모두 이 경에서 나왔다' 한 대목으로 십행의 제8 난득행難得行, 제9 선법행善法行, 제10 진실행眞實行의 지위에 해당한다.

5. **어수도득승중무만주**於修道得勝中無慢住 도를 닦아 뛰어난 경지를 얻더라도 교만심이 일어나지 않는 지위로, 제9 「일상무상분」에서 사과四果의 성문들이 각각 얻은 바가 없음을 밝힌 문장으로 이는 10회향十回向 중 제1 구호일체중생이중생상회향救護一切衆生離衆生相回向에 해당한다.

6. **불리불출세시주**不離佛出世時住 부처가 세상에 출현하는 때를 여의지 않는 지위로, 제10 「장엄정토분」 가운데 연등부처님께 법을 얻은 바가 없다고 밝히는 부문이다. 10회향 중 제2 불괴회향不壞回向에 해당한다.

7. **원정불토주**願淨佛土住 불국토를 맑게 하려고 서원하는 주로, 「장엄정토분」에서 '보살이 불국토를 장엄하느냐?' 물은 부문이다. 10회향의 제3 등일체불회향等一切佛回向에 해당한다.

8. **성숙중생주**成熟衆生住 중생을 성숙시켜 주는 지위로, 「장엄정토분」의 '사람 몸이 수미산만 하다면' 한 문장이다. 10회향의 제4 지일체처회향至一切處回向에 해당한다.

9. **원리수순외론산란주**遠離隨順外論散亂住 외도의 사상을 따르다가 마음이 어지러워지는 허물을 여의는 지위로, 제11「무위복승분」첫머리의 '항하의 모래 수만큼' 한 문장에서 제12「존중정교분」과 제13「여법수지분」'반야바라밀이 반야바라밀이 아니다' 한 문장까지이다. 항하의 모래 수만큼 보시를 하더라도 경전의 사구게를 수지하는 것만 못하거늘 외도의 논서 등을 읽으며 마음을 산란하게 해서야 되겠느냐 하는 뜻이다. 이는 10회향의 제5 무진공덕장회향無盡功德藏回向에 해당한다.

10. **색급중생박취중관파상응행주**色及衆生搏取中觀破相應行住 색 곧 물질과 중생을 끝까지 관찰하여 진리에 부합되는 지위로, 제13「여법수지분」에 '삼천대천세계에 있는 미진이 많겠느냐?' 한 문장에서 세말방편細末方便과 불념방편不念方便으로 거친 것을 미세하게, 미세한 것을 공하게 관찰해 들어감으로써 3공의 진리에 계합되게 한다. 이는 10회향의 제6 입일체평등선근회향入一切平等善根回向에 해당한다.

11. **공양급시여래주**供養給侍如來住 여래께 공양을 올리고 시중하는 지위로, 「여법수지분」에 '32상으로 여래를 볼 수 있겠느냐?'에서 형상을 따르지 않고 항상 법신을 보는 게 여래를 바로 보는 것이라는 뜻을 말한 부문이다. 이는 10회향 제7 등수순일체중생회향等隨順一切衆生回向에 해당한다.

12. **원리이양급피핍열뇌고불기정진급퇴실주**遠離利養及疲乏熱惱故不起精進及退失住

이양이나 궁핍으로 인해 번뇌가 생겨 정진을 일으키지 않거나 물러나는 허물을 여의는 지위로 「여법수지분」 끝부분의 '항하의 모래 수만큼 많은 몸을 보시하더라도 사구게를 수지한 공덕이 더 많다'한 문장에서 제14 「이상적멸분」의 '제일 바라밀이 제일 바라밀이 아니라' 한 문장까지이다. 이는 10회향의 제8 입진여상회향入眞如相回向에 해당한다.

13. **인고주**忍苦住 괴로움을 참아내는 지위로, 「이상적멸분」 가운데 '부처님이 인욕선인으로 있을 때에 가리왕으로부터 사지를 잘렸다'는 문장에서부터 법에 머물지 않고 보시하면 눈 있는 사람이 햇빛이 비칠 적에 온갖 색을 보는 것과 같다고 한 문장까지이다. 10회향 가운데 제9 무박무착해탈회향無縛無着解脫回向에 해당한다.

14. **이적정미주**離寂靜味住 고요함에 맛들이는 허물을 여의는 지위로, 「이상적멸분」 마지막 '당래지세'로부터 제15 「지경공덕분」과 제16 「능정업장분」까지이다. 이는 10회향 제10 입법계무량회향入法界無量回向에 해당한다.

15. **어증도시원리희동주**於證道時遠離喜動住 도를 증득했을 때 기뻐 날뛰는 허물을 여의는 지위로, 제17 「구경무아분」에서 처음 제2 「선현기청분」과 같은 '어떻게 살아야 하며, 어떻게 그 마음을 다스려야 합니까?'의 질문에서 만약 내가 머무르고 항복시킨다는 생각이 남아 있으면 희동喜動이며 산란散亂인데 이 희동과 산란을 여읜 이 지위는

4가행四加行 중 난위煖位와 정위頂位에 해당한다.

16. **구불교수주**求佛教授住 더욱 부처님의 가르침을 구하는 지위로, 「구경무아분」 중간의 '내가 아뇩보리를 얻었느냐?' 하고 물은 부문이다. 부처님을 만나 얻은 바 없는 얻음을 얻어 10지의 수행위에 들어갈 준비가 마쳐지는 단계로서 4가행 중 인위忍位와 세제일위世第一位에 해당한다.

17. **증도주**證道住 도를 증득하는 지위로, 「구경무아분」의 '비유하건대 사람 몸이 엄청 크다' 한 문장의 보신을 이루는 단계인데 이 지위에서 보살의 수행지위인 10지에 들어간다. 초지 환희지歡喜地가 이에 해당한다.

18. **상구불지주**上求佛地住 부처님의 지혜를 향해 들어가는 지위로, 여섯 가지의 청정을 갖추는 단계를 통해 불지에 들어간다. 첫째는 국토의 청정을 갖추는 단계로, 제17 「구경무아분」 끝 부분의 '내가 마땅히 불토를 장엄한다 하면 보살이라 이름하지 못한다'는 문장이 이에 해당하고 10지의 2지인 이구지離垢地 이상의 보살들의 수행 단계이다. 둘째는 위없는 견해와 지혜의 청정이 갖추어진 단계로, 제18 「일체동관분」의 '여래에게 육안이 있느냐?' 하고 묻는 데서부터이다. 셋째는 복을 자재하게 갖추는 단계로, 제19 「법계통화분」의 '삼천대천세계에 가득한 칠보로 보시한다'는 부문이며, 넷째는 몸이 갖추어진 단계로 제20 「이색이상분」의 '색신을 갖춤으로써 부처를

볼 수 있느냐?' 하고 문답한 부문으로 부처님은 색신의 32상과 80종호 등이 갖추어져 있다는 것이다. 다섯째는 말이 갖추어진 단계로, 제21「비설소설분」의 '너는 여래가 이런 생각을 하되 내가 마땅히 설한 법이 있다 생각한다고 여기지 말라' 한 데의 법문으로 설한 바 없는 말씀이 부처님의 말씀인데 이것이 갖추어지는 단계이다. 여섯째는 마음이 갖추어지는 단계로, 제22「무법가득분」에서 '부처님이 아뇩보리를 얻은 것은 얻은 바가 없어서인가?' 에서부터 제32「응화비진분」의 '응당히 이와 같이 관찰하라' 까지의 법문으로 모두 11분의 법문이 이에 속한다. 이 18주 상구불지주는 보살 10지 수행위의 제2지 이구지離垢地부터 10지의 수행지위를 지나 구경 불과의 지위인 묘각妙覺에 이르기까지이다.

색인

ㄱ

가(假) 224
가란타(迦蘭陀) 20
가명(假名) 142, 144
가상도리(家常道理) 24
가섭(迦葉) 16~19, 33
가유(假有) 60, 338
가전연(迦旃延) 33
각성(覺性) 139
강가(Gaṅgā) 125
개아(個我) 43, 71~72, 104, 153, 157, 167, 187~188, 192, 247, 250, 265, 313~314, 338
갠지스(ganges) 22, 123~125, 143, 159, 165, 204, 289
건타라국(乾陀羅國) 62
걸사(乞士) 18~19
게송(偈頌) 62, 84, 94~95, 116, 126, 195, 221, 224, 251, 275, 322, 333
견도(見道) 101~102
견혹(見惑) 102~103

경사(經史) 74
계위(階位) 101
고려대장경(高麗大藏經) 170
공(空) 29, 43~44, 60~62, 73~76, 83~85, 92~93, 105, 113, 116, 118, 140~142, 152~154, 166, 187, 194~196, 202, 204, 212~213, 220, 224, 230~231, 268, 282~283, 299, 306, 321, 325~326
공관(空觀) 195, 333
공덕(功德) 20, 93, 143, 151~152, 159, 165~167, 169, 175~177, 232, 249, 257~260, 276, 289, 291
공생(共生) 40
공생(空生) 29
공양(供養) 19~20, 23~24, 30, 131~133, 167~168, 176, 332
공종법문(空宗法門) 212
공화(空化) 115
과보(果報) 71, 126, 169, 176~180
과위(果位) 281, 290, 298

351

관심(觀心) 291
광대심(廣大心) 41
광조공유품(廣照空有品) 75
교족정진(翹足精進) 17
구경(究竟) 202
구경각(究竟覺) 259
구공(俱空) 61, 283, 337
구도심(求道心) 32
구로주(俱盧洲) 91
구마라집(鳩摩羅什) 40, 74~75, 276
구사론(俱舍論) 42, 91
구야니(瞿耶尼) 91
구족계(具足戒) 18
구족사구(具足四句) 308
규봉(圭峰) 스님 41, 222, 233, 330~331
극과(極果) 102
근기(根機) 20, 70, 131
근본지(根本智) 202
금강경간정기(金剛經刊定記) 41~42, 155, 169, 178, 222
금강경오가해(金剛經五家解) 233, 315, 329~330
금강경해의(金剛經解意) 117, 330
금강반야론(金剛般若論) 62, 333
금강반야바라밀(金剛般若波羅蜜) 140~141
금강반야바라밀경론(金剛般若波羅蜜經論) 62

금륜왕(金輪王) 274
금시조(金翅鳥) 42
기바(耆婆) 41
기세간(器世間) 223
기수급고독원(祇樹給孤獨園) 15, 18~19, 21, 332
기원정사(祇園精舍) 18, 22, 24
기타(Jeta)태자 18, 21
기파천(祈把天) 22

ㄴ

나유타(那由佗) 176
나함천(那含天) 104
난생(卵生) 41~42
남섬부주(南贍部洲) 42
노자(老子) 94, 222
노장(老莊) 74
노장학(老莊學) 331
논의제일(論議第一) 33
능가경(楞伽經) 72, 267
능가종(楞伽宗) 267
능소(能所) 42, 105, 154, 230
능엄경(楞嚴經) 22, 40, 42, 196

ㄷ

다나(Dāna) 49

다문뇌고(多聞牢固) 70
다문제일(多聞第一) 33
단견(斷見) 282~283
단사구(單四句) 308
단하천연(丹霞天然) 83
달마선종(達磨禪宗) 267
달마 스님 177, 267, 275~276, 290
대당서역기(大唐西域記) 22
대승(大乘) 33, 39, 43, 105, 166, 222, 240
대승기신론(大乘起信論) 142, 203, 308
대인상(大人相) 221
대장경 인경불사(大藏經印經佛事) 170
대장엄론경(大莊嚴論經) 241
대천세계(大千世界) 92
대품반야경(大品般若經) 240, 335
덕산선감(德山宣鑑) 204
도교(道敎) 222, 250
도덕경(道德經) 94
도리천(忉利天) 133~134
도솔타천(兜率陀天) 62
도일(道一) 선사 83~84
돌길라죄(突吉羅罪) 16~17
동륜왕(銅輪王) 274
동산 양개(洞山良价) 75
두타제일(頭陀第一) 33

ㄹ
라훌라 33

ㅁ
마갈타(Magadha) 21
마군(魔軍) 19
마승(馬勝) 비구 224
마야 부인 133
마조도일(馬祖道一) 83~84
마하야나(Mahāyāna) 39
말세(末世) 64, 70
망견(妄見) 60, 313
멸도(滅度) 62, 64
명상(名相) 115, 144, 247, 268, 306, 323
명색(名色) 223
명제(明帝) 275
모리스 마테를링크 292
목건련(目犍連) 19, 33
목련존자(目連尊者) 42
목종(穆宗) 232
묘유(妙有) 61, 117, 336
묘행(妙行) 44
무(無) 94, 212, 283
무기업(無記業) 179
무루(無漏) 126, 143, 276, 290
무루공덕(無漏功德) 321
무루복(無漏福) 93, 126, 258

무명(無明) 42, 139, 175, 223
무문관(無門關) 73, 251
무문혜개(無門慧開) 251
무분별지(無分別智) 139
무비무(無非無) 307
무상(無常) 60
무상(無相) 117, 154, 323
무상(無相)법문 51, 194, 276, 308, 323, 326
무상보리(無上菩提) 248
무상정각(無上正覺) 33
무색계(無色界) 92, 102, 179
무성(無性) 222
무소구행(無所求行) 290
무소득(無所得) 113, 239~241, 276
무심도리(無心道理) 114
무아(無我) 187~189, 194, 289, 290
무아설(無我說) 194
무외시(無畏施) 49
무원(無願) 291
무위(無爲) 105, 117, 125, 159, 160, 204, 212, 219, 230, 266, 281
무위법(無爲法) 82~83, 92, 132, 219, 299
무위복(無爲福) 124~126, 143
무위심(無爲心) 84, 117, 190, 193
무위행(無爲行) 51
무자성(無自性) 212
무적(無賊) 104

무제(武帝) 275~276
무주(無住)법문 51
무착(無着) 62
무학(無學) 102
무학(無學) 대사 202~203
문선왕(文宣王) 222
물불천론(物不遷論) 74
미륵(彌勒) 62
밀행제일(密行第一) 33

ㅂ

바라문(婆羅門) 29, 155
바라문교(婆羅門敎) 194
바라밀행(波羅蜜行) 114
바사닉(波斯匿) 왕 19, 21~22
반야(般若) 43, 139, 175, 195
반야경(般若經) 60
반야대지(般若大智) 321
반야무지론(般若無知論) 74
반야바라밀(般若波羅密) 140~141
반야바라밀경(般若波羅密經) 257
반야바라밀법(般若波羅密法) 24
반야부(般若部) 74, 194
반야심경(般若心經) 61, 83, 194, 212
반주삼매경(般舟三昧經) 276
발무인과(撥無因果) 283
방(龐) 거사 83~84, 195

방온(龐蘊) 83
방편품(方便品) 126
배불사상(排佛思想) 212
배촉관(背觸關) 73
백비(百非) 307~308
백비설(百非設) 308
백은(白隱) 선사 52
법공(法空) 61, 195, 290
법무아(法無我) 187, 194, 290
법신(法身) 63, 131, 133, 166, 219, 221~222, 229, 259, 273~274, 281, 289~290, 297~298, 305~307, 321~323
법신사리(法身舍利) 131
법안(法眼) 201~202
법장(法藏) 16, 18
법집(法執) 51, 61, 314
법현(法顯) 스님 22
법현전(法顯傳) 22
법화경(法華經) 126, 134, 223
보리심(菩提心) 32, 125, 177~178, 188
보시(布施) 21~22, 49~51, 63, 91, 93, 124, 126, 132, 142~143, 153, 158~159, 165, 211, 223, 257, 289, 321
보신불(報身佛) 259
보원행(報怨行) 177
보장론(寶藏論) 75
복덕(福德) 49~51, 70~71, 91~92, 124, 132, 165, 211~212, 258~260, 281~282, 289~290, 298
복사구(複四句) 308
복업(福業) 179
복진타락(福盡墮落) 126
복행신장(服行神將) 170
복혜쌍수(福慧雙修) 259
본각진심(本覺眞心) 259
본래무일물(本來無一物) 96
본체허연품(本體虛然品) 75
본평등(本平等) 247, 250
부단성(不斷性) 155
부동업(不動業) 179
부루나(富樓那) 33
부설(浮設) 거사 84
부전도심(不顚倒心) 41
부정업(不定業) 179
부진공론(不眞空論) 74
부파불교(部派佛敎) 132
불국토(佛國土) 113~114, 193, 201, 203
불명경(佛名經) 178
불바제(佛婆提) 91
불생불멸(不生不滅) 22, 289
불신상주설(佛身常住設) 298
불심천자(佛心天子) 276
불안(佛眼) 201~202
비구오덕(比丘五德) 19
비량(比量) 274

비무(非無) 307
비무비비무(非無非非無) 307
비복업(非福業) 179
비사귀모(毘舍鬼母) 41
비유(非有) 307
비유비비유(非有非非有) 307
비이(非異) 307
비이비비이(非異非非異) 307
비일(非一) 307
비일비비일(非一非非一) 307
비천(非天) 134

ㅅ

사견(邪見) 282~283
사과(四果) 101, 105, 114
사구(四句) 307
사구게(四句偈) 61, 93, 124, 131, 133, 142~143, 153, 159, 202, 257, 321~322
사다함(斯多含) 101~104
사대(四大) 74, 76
사대주(四大洲) 91
사리불(舍利弗) 105~107, 224
사부대중(四部大衆) 323
사상(四相) 44, 154, 187, 250, 259
사생(四生) 41~42
사신공양(捨身供養) 276

사십이장경(四十二章經) 125
사위국(舍衛國) 15, 19~21, 29
사위성(舍衛城) 18, 20, 24
사제(四諦: 苦, 集, 滅, 道) 102
사행론(四行論) 177, 290
사혹(思惑) 102~103
산단나사(珊檀那舍) 19
삼계(三界) 103, 223, 267
삼론종(三論宗) 74
삼륜공적(三輪空寂) 50
삼매(三昧) 104~105
삼보(三寶) 133, 324
삼보사찰(三寶寺刹) 170
삼신불(三身佛) 131, 259
삼천대천세계(三千大千世界) 91, 123~124, 141, 159, 211, 257, 305~307
삼현(三賢) 83
상(相) 43, 60, 63, 84, 117, 139~140, 144, 152, 155, 157
상견(常見) 282~283
상수대중(常隨大衆) 19
상심(常心) 41
색계(色界) 92, 102, 104, 179
색신(色身) 219, 221, 229, 273
생멸(生滅) 125, 222, 298, 321
서산(西山) 스님 298
석공(析空) 196
석두희천(石頭希遷) 83

석왕사(釋王寺) 169
선(仙) 222
선(禪) 73, 114, 259, 275~276, 331
선가(禪家) 75, 248, 251, 326
선경(禪經) 275
선근(善根) 64, 70~71
선도(善道) 134
선법(善法) 247, 248, 250, 258, 267
선법당(善法當) 134
선불교(禪佛敎) 275
선악(善惡) 177~179, 258
선인선과(善因善果) 177
선정(禪定) 16, 62, 70, 105, 156, 179
선정뇌고(禪定牢固) 70
설법제일(說法第一) 33
성문(聲聞) 101, 104
성문사과(聲聞四果) 105
세간(世間) 223, 258, 260
세속제(世俗諦) 92, 95~96, 250, 307
소명 태자(昭明太子) 258
소수림왕(小獸林王) 275
소승(小僧) 222
소승법(小僧法) 167
소천세계(小千世界) 92
속제(俗諦) 92, 124, 143, 191, 220~221
송고승전(宋高僧轉) 266
수(受) 223
수다원과(須陀洹果) 20, 101~102

수달경(須達經) 23
수닷타(Sudatta) 18~23
수도(修道) 101~103, 155
수미산(須彌山) 16, 91, 115, 257
수미세계(須彌世界) 92
수부티(Subhūti) 29
수산성념(首山省念) 73
수자상(壽者相) 43~44, 117, 250
수형호(隨形好) 221
수혹(修惑) 102~103
순생보(順生報) 179
순야(舜若) 194
순현보(順現報) 179
순후보(順後報) 179
숫타니파타(sutta-nipāta) 74
스즈키 다이세츠(鈴木大拙) 140, 307
습생(濕生) 41
승의제(勝義諦) 92, 96, 124, 154, 250
승조(僧肇) 법사 74~76
시방법계(十方法界) 249
식(識) 223
식심(識心) 316
식온(識蘊) 300
신(信) 15, 222
신수(神秀) 116
신통제일(神通第一) 33
실경(實境) 326
십대제자(十大弟子) 74, 105

십지(十地) 83

ㅇ
아공(我空) 61, 195, 290
아나율(阿那律) 33
아나함(阿那含) 101, 103~104, 156
아난(阿難) 16~18, 33
아누다라삼먁삼보리(阿耨多羅三藐三菩提)
　　30, 32~33, 43, 167, 187~191, 195,
　　239~241, 250, 258, 282, 314
아라한(阿羅漢) 16, 30, 101~102, 104,
　　156
아상(我相) 43, 117, 250
아수라(Asura) 131~134, 167, 323~324
아승기(阿僧祇) 176, 321
아집(我執) 51, 61, 314
악업(惡業) 177, 179
악인악과(惡人惡果) 177
악취공(惡取空) 283
앗사지(馬勝) 105~106
야보(冶父) 231, 315, 330~331
약산유엄(藥山惟儼) 83
언설명상(言說名相) 268
업보(業報) 177, 179, 300
업식(業識) 42, 143
업식훈습(業識熏習) 117
업장참회(業障懺悔) 180

에고이즘 51
여래장묘진여성(如來藏妙眞如性) 22
여시아문(如是我聞) 15~16
여의불(如意佛) 300
역경계(逆境界) 154
연기(緣起) 194, 196
연등부처님(燃燈佛) 113, 176, 189~190
연수(延壽) 선사 75
열반경(涅槃經) 95, 155, 298
열반무명론(涅槃無名論) 74
영가(永嘉) 스님 220
영유(靈幽) 스님 232~233
영혼(靈魂) 104, 153, 155~157, 167, 187
　　~188, 192, 247, 250, 265, 313~314
오뇌고설(五牢固說) 70
오도기연(悟道機緣) 206
오도송(悟道頌) 298
오상(五常) 222
오온(五蘊) 300
오온개공(五蘊皆空) 194
오욕락(五欲樂) 260
오음신(五陰身) 299
옥야경(玉耶經) 23
왕사성(王舍城) 19~21
왕자촌(王子村) 168
요흥(姚興) 74~75
욕계(欲界) 92, 102, 133, 179
용(用) 75, 117

용악(聳岳) 스님 168~170
우바새(優婆塞) 21, 323
우바이(優婆夷) 323
운문 문언(雲門 文偃) 75
울다라승(鬱多羅僧) 17
원효(元曉) 스님 266~267
월유품(月喩品) 298
위의거동(威儀擧動) 30
유(儒) 222
유교(儒敎) 222, 250
유루(有漏) 93, 290
유루복(有漏福) 93, 143, 165, 258, 276, 321
유마(維摩) 거사 83
유마경(維摩經) 74, 230
유명선사속가(幽冥禪師續加) 233
유비유(有非有) 307
유소득(有所得) 240
유심(有心) 114
유아(有我) 189
유위법(有爲法) 82, 92, 152, 321~322
유정(有情) 40
유정세간(有情世間) 223
유학(有學) 102
육근(六根) 240
육바라밀(六波羅蜜) 49, 223
육사외도(六師外道) 105
육성취(六成就) 15

육안(肉眼) 201~202
육입(六入) 223
육진(六塵) 51, 102, 240
윤회(輪廻) 125~126
윤회설(輪廻說) 40
은륜왕(銀輪王) 274
응공(應供) 104
의상(義湘) 스님 266
의생신(意生身) 299~300
의언진여(依言眞如) 142
이비이(異非異) 307
이선천(二禪天) 41
이심전심(以心傳心) 32
이언진여(離言眞如) 142
이타행(利他行) 39, 51
인과(因果) 159, 178~179, 283, 290
인도환생(人道還生) 260
인무아(人無我) 187, 194, 290
인상(人相) 43~44, 117, 250
인연(因緣) 22, 24, 40, 62, 82, 106, 115~116, 124~125, 143, 159, 169, 194, 211, 222~224, 299, 326
인욕바라밀(忍辱波羅密) 154
인욕행(忍辱行) 157
인행(因行) 189~190, 259
일광정(日光定) 62
일비일(一非一) 307
일승(一乘) 223

359

임간록(林間錄) 266
임종게(臨終偈) 75
입류(入流) 102

ㅈ
자리이타(自利利他) 32
자아(自我) 43~44, 51, 71~72, 104, 153, 155, 157, 167, 187, 188, 192, 194, 247~248, 265, 267~268, 313~314
재보시(財報施) 49, 124
전륜성왕(轉輪聖王) 274~275
전화위복(轉禍爲福) 177
절대공(絕對空) 239, 247
정각(正覺) 81, 125
정견(正見) 202, 258, 283
정계(淨戒) 19
정명(淨命) 19
정법염경(正法念經) 42
정상육계상(頂上肉髻相) 221
정식(情識) 44
정심(淨心) 248
정업(定業) 179
제석(帝釋) 133~134
제일심(第一心) 41
제일의제(第一義諦) 307, 314
조론(肇論) 74
조사선(祖師禪) 276

족하안평상(足下安平相) 221
종경록(宗鏡錄) 75, 266
종리사(鍾離寺) 232
종심(從諗) 선사 250
주금강(周金剛) 205
죽림정사(竹林精舍) 18, 20
중(中) 224
중도(中道) 223, 282~283
중도실상(中道實相) 83, 282~283
중생상(衆生相) 43~44, 117, 250
중생세계(衆生世界) 118, 220
중유(中有) 300
중천세계(中千世界) 92
즉비사상(卽非思想) 140, 307
증도(證道) 259
증도가(證道歌) 220
지겸(支謙) 74
지계제일(持戒第一) 33
지도론(智度論) 40, 70
지장보살본원경(地藏菩薩本願經) 133
지혜제일(智慧第一) 33, 105
진공묘유(眞空妙有) 60~62, 83, 283, 326
진상(眞相) 115, 142
진여(眞如) 160, 190~192, 202, 219, 314
진제(眞諦) 192, 220~221

ㅊ

찬요서(纂要序) 222
참선(參禪) 84
처(處) 15
천도재(薦度齋) 169
천상세계(天上世界) 91~92
천안(天眼) 16, 201~202
천안제일(天眼第一) 33
천친(天親) 62
철륜왕(鐵輪王) 274
철위산(鐵圍山) 91
청룡소(靑龍疏) 204~206
청정법신(淸淨法身) 63
체(體) 75, 117
체공(体空) 196
촉(觸) 73, 223
촉루수(髑髏水) 267
출세간(出世間) 92, 223, 258
칠가식(七家食) 24
칠보(七寶) 91~92, 123~124, 132, 143, 159, 211, 257, 289, 321

ㅋ

코살라국 18, 21
쿠시라성 17

ㅌ

탁발(托鉢) 23~24, 240
탁지부(度支部) 170
탑묘(塔廟) 131~133
탑사뇌고(塔寺牢固) 71
태생(胎生) 41~42
태전(太顚) 선사 212
통도사(通度寺) 170
투쟁뇌고(鬪爭牢固) 71

ㅍ

파악(破惡) 19
파이집 현삼공(破二執 現三空) 61
팔만대장경(八萬大藏經) 170
평상심(平常心) 251
포마(怖魔) 19
픽추(煏芻) 18
필추(苾芻) 18
핍팔라굴(畢波羅窟) 16

ㅎ

하쿠인(白隱) 선사 52~53
한퇴지(韓退之) 212~213
항하(恒河) 123, 125, 142~143, 153, 165, 203, 289
해공제일(解空第一) 29~30, 33, 74

해탈뇌고(解脫牢固) 70

행(行) 223

현상계(現象界) 325

현원황제(玄元皇帝) 222

현장(玄奘) 스님 22, 40, 329

혜가(慧可) 267

혜능(慧能) 선사 116, 267

혜안(慧眼) 151, 201~202

호세학도난(豪勢學道難) 125

홍인(弘忍) 스님 116, 267, 329

화생(化生) 41~42

화신(化神) 131, 259, 297~298, 305~307, 321~323

화엄(華嚴) 267

화엄경(華嚴經) 95, 212, 267

황매산(黃梅山) 116

회통(會通) 204, 282~283

후득지(後得智) 202

후오백세(後五百歲) 70~71

히말라야(Himalayas) 125

힌두교(Hinduism) 125

조계종 표준
금강경 바로 읽기

1판 1쇄 펴냄 2010년 3월 5일
1판 9쇄 펴냄 2025년 2월 15일

지은이 지안
펴낸이 원명
대표 남배현

펴낸곳 (주)조계종출판사
주소 서울시 종로구 삼봉로 81 두산위브파빌리온 1308호
전화 02-726-6107 **전송** 02-733-6708
출판등록 2007-000078호 (2007. 04. 27.)
이메일 jogyebooks@naver.com
구입문의 불교전문서점 향전 (www.jbbook.co.kr) 02-2031-2070

ⓒ 지안, 2010
ISBN 978-89-93629-35-4 03220

• 책값은 뒤표지에 있습니다.
• 저작권법에 의하여 보호를 받는 저작물이므로 무단으로 복사, 전재하거나 변형하여 사용할 수 없습니다.
• (주)조계종출판사의 수익금은 포교·교육 기금으로 활용됩니다.